EERSTE EDITIE - Gepubliceerd in 2022

Extra grafisch materiaal van: www.freepik.com
Dank aan: Alekksall, Starline, Pch.vector, Rawpixel.com, Vectorpocket, Dgim-studio, Upklyak, Macrovector, Stockgiu, Pikisuperstar & Freepik.com Designers

Ontdek gratis online spelletjes

Hier verkrijgbaar:

BestActivityBooks.com/FREEGAMES

5 TIPS OM TE BEGINNEN!

1) HOE OP TE LOSSEN

De Puzzels zijn in een Klassiek Formaat:

- Woorden worden verborgen zonder pauzes (geen spaties, streepjes, ...)
- Oriëntatie: Voorwaarts & Achterwaarts, Boven & Beneden of in Diagonaal (kan in beide richtingen)
- Woorden kunnen elkaar overlappen of kruisen

2) ACTIEF LEREN

Naast elk woord is een spatie voorzien om de vertaling te noteren. Om actief te leren vindt u een **WOORDENBOEK** aan het einde van deze editie om uw kennis te controleren en uit te breiden. U kunt elke vertaling opzoeken en opschrijven, de woorden in de puzzel vinden en ze vervolgens aan uw woordenschat toevoegen!

3) TAG JE WOORDEN

Hebt u al geprobeerd een labelsysteem te gebruiken? U zou bijvoorbeeld de woorden die moeilijk te vinden waren kunnen markeren met een kruis, de woorden die u leuk vond met een ster, nieuwe woorden met een driehoek, zeldzame woorden met een ruit enzovoort...

4) ORGANISEER UW LEREN

Wij bieden ook een handig **NOTITIEBOEKJE** aan het eind van deze uitgave. Of u nu op vakantie, op reis of thuis bent, u kunt uw nieuwe kennis gemakkelijk ordenen zonder dat u een tweede notitieboek nodig hebt!

5) AFGESLOTEN?

Ga naar de bonussectie: **FINAAL UITDAGING** om een gratis spel te vinden dat aan het einde van deze editie wordt aangeboden!

Wil je meer leuke en leerzame activiteiten? Het is Snel en Eenvoudig!
Een hele collectie spelboeken slechts **één klik verwijderd!**

Vind uw volgende uitdaging bij:

BestActivityBooks.com/MijnVolgendeBoek

Klaar... Start!

Wist u dat er zo'n 7000 verschillende talen in de wereld zijn? Woorden zijn kostbaar.

We houden van talen en hebben hard gewerkt om de boeken van de hoogste kwaliteit voor u te maken. Onze ingrediënten?

Een selectie van onmisbare leerthema's, drie grote plakken plezier, dan voegen we er een lepel moeilijke woorden en een snuifje zeldzame woorden aan toe. We serveren ze met zorg en een maximum aan verrukking, zodat je de beste woordspelletjes kunt oplossen en veel plezier beleeft aan het leren!

Uw feedback is essentieel. U kunt een actieve bijdrage leveren aan het succes van dit boek door een recensie achter te laten. Vertel ons wat u het meest beviel in deze editie!

Hier is een korte link die u naar uw bestelpagina brengt:

BestBooksActivity.com/Recensies50

Bedankt voor uw hulp en veel plezier met het spel!

Linguas Classics

1 - Metingen

```
U  C  L  D  A  P  B  B  V  O  L  U  M  K
M  E  T  E  R  D  Y  B  D  E  N  G  J  I
K  I  L  O  M  E  T  E  R  M  K  S  K  L
L  O  T  I  I  K  E  O  R  V  A  T  W  O
E  J  W  E  T  D  S  O  S  U  N  S  E  Q
N  H  Ø  Y  D  E  A  W  Y  E  M  H  S  G
G  C  X  L  E  B  R  E  D  D  E  A  B  E
D  K  N  X  S  N  F  F  U  C  Z  L  T  Y
E  B  S  O  I  N  Q  N  J  K  T  V  T  Z
G  R  A  M  M  I  N  U  T  T  O  L  P  U
J  N  R  W  A  T  O  M  M  E  N  I  N  J
M  Q  C  G  L  A  N  J  T  G  N  T  N  F
U  P  U  C  E  N  T  I  M  E  T  E  R  H
K  P  R  T  Y  G  K  H  Y  S  U  R  U  L
```

BREDDE	KILOMETER
BYTE	LENGDE
CENTIMETER	LITER
DESIMAL	MASSE
DYBDE	METER
VEKT	MINUTT
GRAM	UNSE
HØYDE	HALVLITER
TOMME	TONN
KILO	VOLUM

2 - Keuken

```
B F M I M K R U K K E G Ø S
E O C A O U L V V P F X S E
B R L F T K G F H P O K E R
K K O L V J A G Y O V N J V
X L N L E E L O E K M I C I
F E K J Ø L E S K A P V K E
Y T M O T E Q F I U K E N T
S P I S E P I N N E R R Q T
V K F A N S G Z E U Y O O X
A O P P S K R I F T D C P M
M P L M X J I T W H D T A N
P P M L U E L D E L E F V T
A E M R X E L M P C R B D M
F R Y S E R E G A F L E R S
```

KOPPER	ØSE
SPISEPINNER	KRUKKE
GRILLE	OPPSKRIFT
KJELE	FORKLE
KJØLESKAP	SERVIETT
BOLLE	KRYDDER
MUGGE	SVAMP
SKJEER	MAT
KNIVER	GAFLER
OVN	FRYSER

3 - Boten

```
L E S E I L B Å T M O T O R
I L K A N O W O I T M N E O
V V Q N Y A C H T A A E M E
B L A K M L L K I U N Z X A
Å G O E X Y Z T H B N E L H
T K U R I N N S J Ø S X W L
M A R I T I M T W L K V B V
N J S M J K K E N G A C D F
E A M J A F L Å T E P Z Z F
M K U B Ø S B V C R H A V E
J K P T R M T B Ø Y E I C R
B F Y H I O A K L S B X R J
U T W P D S D N S G H C Z E
O D R E P R K Y N V Y C K S
```

ANKER	INNSJØ
MANNSKAP	MOTOR
BØYE	NAUTISK
BØLGER	LIVBÅT
YACHT	ELV
KAJAKK	TAU
KANO	FERJE
MARITIM	FLÅTE
MAST	HAV
SJØMANN	SEILBÅT

4 - Chocolade

```
K A K A O F V T F F K S K M
J D V A R B A R O M A U O Y
D P A C R I R V S A S K K H
L E L F B T F G O U T K O E
O A I O R T I X Y R H E S K
R N T L K E N S Ø T I R N S
H Ø E D I R R C A H M T Ø O
K T T N K G Y O S N Y B T T
J T K A R A M E L L A D T I
D E K A L O R I E R P L S S
J R I N G R E D I E N S N K
A N T I O K S I D A N T D F
S M A K G A X Q L N Z K A U
X W K O P P S K R I F T S P
```

ANTIOKSIDANT
AROMA
ARTISANAL
BITTER
KAKAO
KALORIER
EKSOTISK
FAVORITT
DEILIG

INGREDIENS
KARAMELL
KOKOSNØTT
KVALITET
PEANØTTER
OPPSKRIFT
SMAK
SUKKER
SØT

5 - Tijd

```
H Y U D O Z W X F L M F U V
V N M R A Z V Å R L O L M H
B E E O T O C Å E C R O Å V
K A L E N D E R M K G V N F
D A G L T T Q L T Q E Å E D
I F J X W T B I I I N R D D
T I Å R N Å E G D G J H Z B
A T I D L I G R O Å N U A S
A I S M A K N Y C R I N B G
M I N U T T L A X S D D U I
W J B N I I T O T L A R K H
K B U E M S E M K T G E E J
S E A J E A L F H K D S Q O
M I D D A G S T I D E X X G
```

DAG	MINUTT
TIÅR	ETTER
ÅRHUNDRE	NATT
I GÅR	NÅ
ÅR	MORGEN
ÅRLIG	FREMTID
KALENDER	TIME
KLOKKE	I DAG
MÅNED	TIDLIG
MIDDAGSTID	UKE

6 - Meditatie

```
U  J  S  L  E  T  U  O  V  Å  K  E  N  A
Y  D  G  P  I  A  R  B  U  B  I  R  E  W
O  P  P  M  E  R  K  S  O  M  H  E  T  H
Q  I  M  X  E  L  U  E  F  Q  Y  F  V  O
U  J  Z  E  P  N  T  R  J  R  G  R  E  L
Z  G  F  T  V  A  T  V  F  M  E  C  N  D
T  G  C  H  Z  T  A  A  Ø  U  P  D  N  N
L  Y  K  K  E  U  N  S  L  S  U  K  L  I
D  H  B  L  P  R  K  J  E  I  S  L  I  N
X  L  M  U  S  N  E  O  L  K  T  A  G  G
Q  E  E  J  F  N  R  N  S  K  E  R  H  Z
S  T  I  L  L  H  E  T  E  B  N  H  E  W
A  K  S  E  P  T  C  B  R  D  Y  E  T  N
M  E  D  F  Ø  L  E  L  S  E  J  T  W  A
```

OPPMERKSOMHET	MENTAL
AKSEPT	MUSIKK
PUSTE	NATUR
FØLELSER	OBSERVASJON
TANKER	STILLHET
LYKKE	FRED
KLARHET	VENNLIGHET
HOLDNING	VÅKEN
MEDFØLELSE	

7 - Zomer

```
A M P C D H J E M B N O G I
K V I K S A S A N D A L E R
F E S N L G H A V V L H D B
E N V L N E W V H A D T L Ø
R N B Y A E N C U R A M G K
I E H V S P R F A M I L I E
E R E I S E N X X Y C M Z R
M U S I K K S I J K A S A F
N M R D D T P G N G M T B T
W M L R J V I L Q G P R W D
N I G L A M L E C O I A H Z
F R I T I D L D L C N N V C
D Y K K I N G E B W G D X U
S T J E R N E R P C M Q V P
```

BØKER	SANDALER
DYKKING	STJERNER
FAMILIE	STRAND
SPILL	HAGE
MINNER	FERIE
HJEM	MAT
CAMPING	GLEDE
MUSIKK	VENNER
AVSLAPNING	FRITID
REISE	HAV

8 - Vogels

```
H Y M S H A T P S B R X G U
S V A N E N U T I T U I J I
R P A P E G Ø Y E N R C Ø X
F E U L G Å P B Y W G U K B
Z L V R G S E Z I F T V T X
T F W K V U L D P R M P I S
S T O R K G I K S M R T F N
R P U Å Y L K G Z T S Y V H
F J K K L E A N D H H D J V
B V B E L D N V Z X R P Q F
F L A M I N G O T S S F M P
E Q V U N L A N M D R D Å Z
S N Y Q G S P Å F U G L K J
T J T O U C A N H E G R E Z
```

DUE	STORK
AND	PAPEGØYE
EGG	PÅFUGL
FLAMINGO	PELIKAN
GÅS	PINGVIN
KYLLING	HEGRE
GJØK	STRUTS
KRÅKE	TOUCAN
MÅKE	UGLE
SPURV	SVANEN

9 - Behoud

```
E  J  S  O  R  G  A  N  I  S  K  Ø  R  I
H  N  M  Y  K  L  I  M  A  A  N  K  E  G
E  U  D  Y  K  W  H  Y  S  P  A  O  S  B
L  L  O  R  Z  L  V  I  U  Y  T  S  I  Æ
S  D  G  B  I  U  U  K  G  T  U  Y  R  R
E  W  W  P  I  N  T  S  P  H  R  S  K  E
I  W  H  K  V  I  G  D  K  V  L  T  U  K
R  E  D  U  S  E  R  E  A  A  I  E  L  R
R  Q  Z  U  O  T  K  M  R  N  G  M  E  A
A  W  N  J  O  G  R  Ø  N  N  N  M  R  F
H  A  B  I  T  A  T  C  T  J  G  I  E  T
K  J  E  M  I  K  A  L  I  E  R  L  N  I
F  O  R  U  R  E  N  S  I  N  G  J  I  G
F  R  I  V  I  L  L  I  G  T  X  Ø  X  R
```

KJEMIKALIER	NATURLIG
BÆREKRAFTIG	UTDANNING
ØKOSYSTEM	ORGANISK
SYKLUS	RESIRKULERE
HELSE	ENDRINGER
GRØNN	REDUSERE
HABITAT	FORURENSING
KLIMA	FRIVILLIG
MILJØ	VANN

10 - Wiskunde

```
B A V K A D D R D R O P R S
R R T O R G E T I A M A E L
Ø I E N L I S D V D K R K Z
K T K Y E U I I I R A T S
D M S U M A M A S U E L A F
E E P A J W A M J S T L N Æ
L T O O C Q L E O Y S E G R
V I N K L E R T N M N L E E
D K E B D Y L E R M N L L J
M K N A U S G R E E J Y S J
Y G T S L N J O V T K Z A M
G E O M E T R I N R E A S V
L I G N I N G N Q I L Q N J
L M A V R L U V D X Y X I T
```

SFÆRE	PARALLELL
DESIMAL	REKTANGEL
DIAMETER	ARITMETIKK
DIVISJON	SUM
TREKANT	RADIUS
EKSPONENT	SYMMETRI
BRØKDEL	POLYGON
GEOMETRI	LIGNING
VINKLER	TORGET
OMKRETS	VOLUM

11 - Camping

```
I  H  E  N  G  E  K  Ø  Y  E  F  H  C  Y
N  P  A  T  K  Y  U  C  T  N  J  Y  B  I
S  A  X  M  O  B  G  E  A  C  E  T  R  N
E  F  B  Y  M  Å  N  E  U  L  L  T  A  N
K  C  E  H  P  N  J  C  Q  K  L  E  N  S
T  R  Æ  R  A  N  A  T  U  R  A  L  N  J
K  A  N  O  S  C  V  R  D  J  N  R  B  Ø
E  W  R  B  S  H  A  T  T  V  O  K  T  P
C  V  J  V  L  H  I  S  T  O  R  I  E  R
Y  T  E  S  K  O  G  G  P  E  T  E  M  G
S  A  N  N  Z  C  Q  Z  I  W  L  V  S  N
D  P  U  E  T  D  J  Z  D  I  S  T  X  W
B  E  V  G  U  Y  J  A  K  T  E  Z  T  E
C  N  J  L  F  R  R  D  G  M  U  Z  P  K
```

EVENTYR	JAKT
FJELL	KART
TRÆR	KANO
SKOG	KOMPASS
BRANN	MÅNE
HYTTE	INNSJØ
DYR	NATUR
HENGEKØYE	TELT
HATT	TAU
INSEKT	HISTORIER

12 - Activiteiten

```
C M M P R E T B T S P I L L
A A H A G E A R B E I D E A
M A V S L A P N I N G K S Y
P A Z F E F K D H R I U I W
I K G R D Z I E H G V N N D
N T C I E G Q S R F Z S G F
G I M T C R G K A S T N H
M V A I C R T A P E M H J B
O I L D A N S H F C E I A F
E T E T H Å N D V E R K K C
D E R F E R D I G H E T T K
M T I F O T T U R E R D B A
F O T O G R A F E R I N G X
H Q C D R B Z F G V W V X S
```

AKTIVITET	LESING
HÅNDVERK	MAGI
DANS	SY
FOTOGRAFERING	AVSLAPNING
SPILL	GLEDE
FISKE	MALERI
JAKT	HAGEARBEID
CAMPING	FERDIGHET
KERAMIKK	FRITID
KUNST	FOTTURER

13 - Vormen

```
K H F F T I Q B Y O L P Y H
M J R P O R U R U Q V O H Y
U Ø E S T U E A Q E O L S P
R R K G X N O K W L Y Y Y E
T N T F L D Q A A I K G L R
O E A O P E J N O N N O I B
R C N K U B E T B J T N N O
G R G C N Y U E B E E B D L
E N E X L U G R K U R V E A
T D L P Y R A M I D E R R Q
P R I S M E O V A L M M Q V
E V Y I S I R K E L Q K Z C
L G Z D S F Æ R E O H Z Y M
P O E E I K E C N T E Q R D
```

SFÆRE	KUBE
BUE	LINJE
SYLINDER	OVAL
SIRKEL	PYRAMIDE
KURVE	PRISME
TREKANT	KANTER
HJØRNE	REKTANGEL
HYPERBOLA	RUND
SIDE	POLYGON
KJEGLE	TORGET

14 - Astronomie

```
K  S  H  K  I  D  K  O  S  M  O  S  S  S
O  T  B  X  Q  L  O  R  I  Y  U  D  T  T
N  J  O  R  D  O  M  E  T  E  O  R  J  R
S  E  E  I  A  D  E  P  X  M  P  E  E  Å
T  R  Q  I  S  A  T  K  R  Å  L  S  R  L
E  N  U  P  T  S  S  E  Y  N  A  A  N  I
L  E  I  U  R  T  Q  T  T  E  N  T  E  N
L  U  N  N  O  R  B  A  E  Z  E  E  T  G
A  C  O  I  N  O  Y  X  L  R  T  L  Å  C
S  Z  X  V  A  N  E  I  E  Z  O  L  K  P
J  X  F  E  U  O  R  N  S  C  G  I  E  A
O  A  A  R  T  M  R  A  K  E  T  T  D  H
N  O  J  S  T  Q  A  J  O  A  U  T  X  E
B  J  I  E  F  H  Q  W  P  Q  M  J  X  N
```

JORD	STJERNETÅKE
ASTEROIDE	PLANET
ASTRONAUT	RAKETT
ASTRONOM	SATELLITT
EQUINOX	STJERNE
KOMET	KONSTELLASJON
KOSMOS	STRÅLING
MÅNE	TELESKOP
METEOR	UNIVERS

15 - Emoties

```
V  K  J  Æ  R  L  I  G  H  E  T  O  M  F
Z  E  Ø  M  H  E  T  L  Q  B  W  V  R  L
F  X  N  F  R  E  D  E  F  N  F  E  L  A
O  A  Y  N  D  G  Z  D  F  L  W  R  E  U
R  L  L  F  L  L  O  E  R  W  F  R  T  X
N  O  T  K  J  I  X  S  Y  M  P  A  T  I
Ø  P  L  R  J  N  G  G  K  S  Z  S  E  S
Y  B  P  I  I  V  W  H  T  V  K  K  L  I
D  D  J  B  G  S  O  P  E  G  R  E  S  N
R  O  U  T  T  W  T  R  E  T  P  L  E  N
K  J  E  D  S  O  M  H  E  T  T  S  F  E
I  N  N  H  O  L  D  W  E  C  U  E  Z  B
A  V  S  L  A  P  P  E  T  T  A  C  F  C
L  Y  K  K  S  A  L  I  G  H  E  T  F  C
```

FRYKT	SYMPATI
FLAU	ØMHET
TRISTHET	FORNØYD
LYKKSALIGHET	OVERRASKELSE
INNHOLD	KJEDSOMHET
ROLIG	FRED
KJÆRLIGHET	GLEDE
AVSLAPPET	VENNLIGHET
LETTELSE	SINNE
RO	

16 - Vakantie #2

```
F T I D E K G P F T D S S K
R R C V I S U M L L E J D H
I R E Z G W E W Y T S L D O
T C A M P I N G P R T T T T
I R F E M N L P L A I A F E
D E U U F E S D A N N X E L
Z I U L X G D O S S A I R L
H S S L D S H X S P S G I N
O E H A V L M H E O J D E M
M N L V D Z I F N R O Ø Y M
U T L E N D I N G T N B U A
A R E S E R V A S J O N E R
R E S T A U R A N T K A R T
I S T R A N D D A Q I U H Y
```

DESTINASJON	RESERVASJONER
UTLENDING	RESTAURANT
FREMMED	STRAND
ØY	TAXI
HOTELL	TELT
KART	FERIE
CAMPING	TRANSPORT
FLYPLASSEN	VISUM
PASS	FRITID
REISE	HAV

17 - Weersomstandigheden

```
D X J W S G H U A F T Å K E
M Q G C T N I V U F E H P Q
K K H C O X M A T J M S O V
P O L A R D M O X B P C K Y
F E B J M U E F D I E J O Y
K U V I N D L L I P R C P Z
L T K B W X T O R N A D O F
I O O T Y I V M U A T L Y N
M R R Ø I B S Q Z M U M Z M
A D K R G G J V D F R O I P
D E A K R E G N B U E N Z O
S N N E T R O P I S K S P X
A T M O S F Æ R E M J U T S
J J Y K E F T K H D Y N S J
```

ATMOSFÆRE	FLOM
LYN	POLAR
TORDEN	REGNBUE
TØRKE	STORM
HIMMEL	TEMPERATUR
IS	TORNADO
KLIMA	TROPISK
TÅKE	FUKTIG
MONSUN	VIND
ORKAN	SKY

18 - Strand

```
J  M  G  Q  I  A  S  R  E  V  O  L  Q  K
K  J  Y  C  I  V  Y  K  N  Q  X  X  C  M
Q  N  U  H  A  F  C  H  Q  M  B  R  F  X
L  T  O  X  H  F  K  Y  S  T  P  Y  I  Y
H  Å  N  D  K  L  E  S  V  N  P  B  P  V
S  A  N  D  Q  G  V  R  F  C  B  Y  E  S
H  A  V  B  L  C  Y  S  I  Z  D  F  B  K
S  X  N  G  Å  M  V  A  R  E  X  R  S  J
O  D  E  D  L  T  P  K  R  A  B  B  E  E
L  C  S  P  A  R  A  P  L  Y  L  S  I  L
V  B  R  M  G  L  M  A  L  Z  Å  O  L  L
M  D  C  E  U  D  E  C  V  P  Z  L  B  H
J  R  C  A  N  A  Y  R  W  C  Ø  I  Å  D
V  F  Q  W  E  A  C  G  C  K  Y  P  T  N
```

BLÅ	REV
BÅT	SANDALER
ØY	SKJELL
HÅNDKLE	FERIE
KRABBE	SAND
KYST	HAV
LAGUNE	SEILBÅT
PARAPLY	SOL

19 - Eten #2

```
B F S F R J V G J Z A A J E
R R P E E G G M B V K S U P
Ø P O D F R O W F W A P B L
D F U K R U S A O G H A T E
C I A I K U T K L E N R T B
B S U W E O E T E O X G V A
Z K B I S H L M A N D E L N
H V E T E L H I N K Y S S A
D H R H R F F P A Y O L D N
U K G R G T D S N L G B K S
T M I T O M A T A L H K G D
E Q N T R K H E S I U I M R
V Z E S K I N K E N R W B L
R I S K X U S X V G T B P J
```

MANDEL
ANANAS
EPLE
ASPARGES
AUBERGINE
BANAN
BROKKOLI
BRØD
DRUE
EGG

SKINKE
OST
KYLLING
KIWI
FERSKEN
RIS
HVETE
TOMAT
FISK
YOGHURT

20 - Klimmen

```
E X I F H V K C T M T S X S
Y S N I Ø K I A E G R T H Q
A A Y J Y A L C R Q E A Q V
C H S O D S H L R T N B E H
V Q G D E K A A E F I I D H
C X J J K P B X N Y N L L A
S S E T S S F Y G S G I F T
M T R J P K T O Z I K T N M
A Y R F E A L Ø C S U E W O
L R I W R D Y E V K W T R S
H K G V T E N B X L C X G F
U E H J E L M Y H D E S I Æ
L Q E X V Z F O T T U R E R
E U T F O R D R I N G E R E
```

ATMOSFÆRE
EKSPERT
FYSISK
HULE
HANSKER
HJELM
HØYDE
KART
STYRKE

STØVLER
SKADE
NYSGJERRIGHET
TRENING
SMAL
STABILITET
TERRENG
UTFORDRINGER
FOTTURER

21 - Restaurant #1

```
M Y N I I K A S S E R E R D
A E H N N T A L L E R K E N
T E N C G V B O L L E X E D
K C U Y R D Y B R E U F P E
J L U J E A K R Y D R E T S
Ø I X W D K J Ø T T Y G E S
K Y L L I N G D D I D R I E
K A J V E S E R V I T Ø R R
E H F N N A F H Y T Z Q G T
N I M F S U K Z P A Z H K P
X C K R E S E R V A S J O N
K N I V R P S E R V I E T T
A L D D A U A G J R F K R Q
C U C B X N X Y Q A D V F B
```

ALLERGI
TALLERKEN
BRØD
INGREDIENSER
KASSERER
KJØKKEN
KYLLING
KAFFE
BOLLE
MENY

KNIV
KRYDRET
RESERVASJON
SAUS
SERVITØR
SERVIETT
DESSERT
KJØTT
MAT

22 - Geologie

```
F  S  V  S  S  D  H  L  C  E  K  K  S  P
O  O  U  Y  A  K  U  B  R  O  O  A  T  L
S  N  L  R  L  U  L  K  Y  M  R  L  A  A
S  E  K  E  T  P  E  D  S  V  A  S  L  T
I  L  A  V  A  L  R  B  T  S  L  I  A  Å
L  J  N  D  I  H  A  X  A  T  L  U  K  X
T  X  D  J  N  O  F  G  L  E  I  M  T  G
C  G  E  Y  S  I  R  M  Q  I  L  R  I  S
K  V  A  R  T  S  T  N  K  N  C  P  T  X
W  B  O  K  O  N  T  I  N  E  N  T  T  M
H  J  O  R  D  S  K  J  E  L  V  L  L  O
L  T  V  M  T  X  J  G  W  Q  Y  N  K  S
S  M  E  L  T  E  T  O  P  J  W  R  Q  U
X  F  R  H  Q  V  A  X  N  E  Y  H  Q  K
```

JORDSKJELV	KVARTS
KALSIUM	LAG
KONTINENT	LAVA
EROSJON	PLATÅ
FOSSILT	STALAKTITT
GEYSIR	STEIN
SMELTET	VULKAN
HULE	SONE
KORALL	SALT
CRYSTAL	SYRE

23 - Specerijen

```
M B S L H V I T L Ø K A S H
H I C P Ø R R E N K N N Ø Q
F T O E I K A R R I T I T V
I T T P N S S O L Q H S Z F
B E Y P G T S P U V E I I X
O R S E E M Z K U V V T A H
T Z A R F U U O U Y Q K N O
S B F C Æ J J R D M X A F F
N X R L R X I I U H M N J G
Q P A P R I K A V N F E D D
S N N S F E N N I K E L N S
Y M W Q K A R D E M O M M E
B V A N I L J E S A L T X T
M R N K R B H R M U S K A T
```

ANIS	MUSKAT
BITTER	PAPRIKA
INGEFÆR	PEPPER
KANEL	SAFRAN
KARDEMOMME	SMAK
KARRI	LØK
HVITLØK	VANILJE
SPISSKUMMEN	FENNIKEL
KORIANDER	SØT
FEDD	SALT

24 - Groenten

```
O  S  A  L  A  T  B  Z  Z  Z  V  X  G  H
I  O  L  I  V  E  N  R  E  D  D  I  K  V
S  P  I  N  A  T  Z  K  O  B  R  W  T  I
E  P  N  E  E  O  Q  A  L  K  N  U  M  T
L  A  G  P  Q  M  E  R  T  X  K  Y  G  L
L  R  E  E  W  A  P  V  A  U  O  O  U  Ø
E  T  F  L  H  T  X  G  Y  Y  I  D  L  K
R  I  Æ  G  R  E  S  S  K  A  R  O  R  I
I  S  R  N  Y  T  Q  L  Y  Z  W  Q  O  Y
U  J  N  L  A  X  W  E  Ø  Y  A  I  T  W
Q  O  O  N  A  G  U  R  K  K  G  E  G  E
S  K  P  E  R  S  I  L  L  E  S  C  G  O
D  K  S  J  A  L  O  T  T  L  Ø  K  Z  A
A  U  B  E  R  G  I  N  E  Z  E  W  T  Q
```

ARTISJOKK	GRESSKAR
AUBERGINE	NEPE
BROKKOLI	REDDIK
ERT	SALAT
INGEFÆR	SELLERI
HVITLØK	SJALOTTLØK
AGURK	SPINAT
OLIVEN	TOMAT
SOPP	LØK
PERSILLE	GULROT

25 - Dans

```
Z  C  H  G  K  N  T  T  Y  R  Ø  J  X  U
M  J  O  I  L  K  Å  T  R  Y  V  Z  W  T
I  E  L  S  A  E  A  D  W  T  I  O  B  T
P  O  D  L  S  S  D  J  E  M  N  V  E  R
F  S  N  G  S  J  N  E  G  E  G  X  V  Y
S  P  I  X  I  A  F  Ø  L  E  L  S  E  K
M  K  N  K  S  T  P  C  C  I  F  A  G  K
O  U  G  S  K  R  O  P  P  B  G  M  E  S
I  N  S  H  O  P  P  E  I  Z  M  B  L  F
V  S  O  I  V  I  S  U  E  L  L  O  S  U
S  T  J  F  K  U  L  T  U  R  S  E  E  L
R  D  A  F  A  K  A  D  E  M  I  R  M  L
U  N  P  O  K  U  L  T  U  R  E  L  L  B
S  K  O  R  E  O  G  R  A  F  I  N  L  C
```

AKADEMI	KLASSISK
BEVEGELSE	KUNST
GLEDELIG	KROPP
KOREOGRAFI	MUSIKK
KULTURELL	SAMBOER
KULTUR	ØVING
FØLELSE	RYTME
UTTRYKKSFULL	HOPPE
NÅDE	VISUELL
HOLDNING	

26 - Sport

```
T E N N I S P I L L E R B G
J J W V B X T H K R V S E Y
P J T D U A H O U P I T V M
B Z V O E I S C M L N A E N
I A B M N T A K E X N D G A
J U S M C A M E E K E I E S
F T B E T B W Y R T R O L T
T Y B R B C Y M E E B N S I
V R B P E A Z T X A G A E K
L I E F K Q L X I M L T L K
F S K N R R I L S P I L L L
G O L F E S Y K K E L E C M
M E S T E R S K A P K T D I
G Y M N A S T I K K S A L Q
```

ATLET	MESTERSKAP
BASKETBALL	DOMMER
BEVEGELSE	SPILL
SYKKEL	SPILLER
GOLF	STADION
GYMNASTIKKSAL	TEAM
GYMNASTIKK	TENNIS
HOCKEY	TRENER
BASEBALL	VINNER

27 - Mythologie

```
G  Q  E  B  S  K  A  P  E  L  S  E  M  Q
Q  F  I  B  A  U  Y  R  I  N  M  N  J  K
Z  D  Ø  D  E  L  I  G  K  I  Z  L  F  R
S  U  H  E  L  T  I  N  N  E  L  Y  N  I
S  K  Y  H  B  U  D  G  S  Z  T  W  U  G
I  T  A  O  V  R  V  R  J  M  K  Y  G  E
U  A  Y  P  L  B  W  W  A  O  L  Q  P  R
S  R  G  R  N  Q  J  N  L  N  D  Q  L  E
J  I  N  E  K  I  F  P  U  S  R  B  I  X
Q  T  O  R  D  E  N  T  S  T  Z  V  Y  H
H  I  M  M  E  L  P  G  I  E  G  E  T  E
H  E  V  N  O  P  P  F  Ø  R  S  E  L  L
L  A  B  Y  R  I  N  T  M  W  L  U  V  T
L  T  T  K  A  T  A  S  T  R  O  F  E  A
```

ARKETYPE	HIMMEL
LYN	SJALUSI
SKAPELSE	STYRKE
KULTUR	KRIGER
TORDEN	MONSTER
LABYRINT	KATASTROFE
OPPFØRSEL	DØDELIG
HELT	SKAPNING
HELTINNE	HEVN

28 - Eten #1

```
K G C K U P T U N F I S K A
A U H H Y Æ F X Q B B A J N
N L V H N R C T G Y J L Ø I
E R I X B E P T C Z Q T T J
L O T B A S I L I K U M T O
L T L P Z H L V C T U E P R
S Ø Ø A E L S U P P E L E D
P I K V P B G B K S O K A B
I D T T X R Z S A L A T N Æ
N D X R E S I U N C F S Ø R
A U B U O S W K B Y G G T C
T W N A D N I K O G L K T R
E V N H Y I F E F S V A X J
J U I C E A C R K J W H V H
```

JORDBÆR

APRIKOS

BASILIKUM

SITRON

BYGG

KANEL

HVITLØK

MELK

PÆRE

PEANØTT

SALAT

JUICE

SUPPE

SPINAT

SUKKER

TUNFISK

LØK

KJØTT

GULROT

SALT

29 - Avontuur

```
D  Z  V  A  N  S  K  E  L  I  G  H  E  T
E  N  W  W  Y  J  K  R  K  Y  W  Y  F  L
S  B  U  Z  H  A  E  J  E  L  I  I  O  A
T  N  T  K  E  N  P  K  Ø  I  U  Z  R  K
I  A  F  S  N  S  W  H  B  N  S  N  B  T
N  V  O  I  T  E  V  D  A  U  N  E  E  I
A  I  R  K  U  F  A  R  L  I  G  H  R  V
S  G  D  K  S  R  N  A  T  U  R  Z  E  I
J  A  R  E  I  S  E  R  U  T  E  D  D  T
O  S  I  R  A  Q  C  L  Y  F  F  Y  E  E
N  J  N  H  S  U  V  A  N  L  I  G  L  T
O  O  G  E  M  T  K  O  T  U  L  O  S  F
P  N  E  T  E  K  Y  N  I  K  X  Y  E  D
J  Z  R  G  L  E  D  E  X  T  P  L  Q  P
```

AKTIVITET	NY
DESTINASJON	UVANLIG
ENTUSIASME	REISERUTE
UTFLUKT	REISER
FARLIG	SKJØNNHET
SJANSE	UTFORDRINGER
VANSKELIGHET	SIKKERHET
NATUR	FORBEREDELSE
NAVIGASJON	GLEDE

30 - Circus

```
A T E L T O T E B G V J M W
S K N S F B I L A T G C A O
P X R J N J G E L I E O G G
E K F O F G E F L L A T I X
K G X N B P R A O S Q Y X D
T Q D G I A L N N K U H K I
A X V L L R T T G U L Q L O
K X P Ø L A R F E E J O Ø J
U E B R E D I I R R M S V J
L A P E T E K O S T Y M E N
Æ P Y V T B S P C G T D D U
R U N D E R H O L D E J Y X
G V M L M M A G I K E R R V
M U S I K K F H X O Q D B H
```

APE	MAGI
AKROBAT	MUSIKK
BALLONGER	ELEFANT
KLOVN	PARADE
DYR	SPEKTAKULÆR
MAGIKER	TELT
SJONGLØR	TIGER
BILLETT	TILSKUER
KOSTYME	TRIKS
LØVE	UNDERHOLDE

31 - Restaurant #2

```
G  A  F  F  E  L  H  V  S  K  J  E  E  Q
S  R  K  A  K  E  J  C  N  E  F  A  G  C
A  U  Ø  E  F  P  N  U  D  L  E  R  G  S
L  L  P  N  T  Z  P  F  Z  N  W  B  I  T
A  D  H  P  N  W  F  I  I  E  P  T  S  O
T  A  E  J  E  S  L  S  B  R  L  F  S  L
M  Y  B  I  I  Q  A  K  I  E  U  R  T  Z
S  A  L  T  L  H  V  K  B  R  N  D  U  R
F  R  U  K  T  I  N  R  E  Y  S  R  E  K
S  I  T  G  Q  A  G  Y  D  R  J  I  B  C
S  Z  P  B  L  M  D  D  Z  Z  K  K  E  U
S  S  S  D  R  H  Q  D  N  F  G  K  Y  R
S  M  I  D  D  A  G  E  A  I  O  M  C  Q
V  A  N  N  F  D  E  R  D  W  I  D  K  I
```

KAKE	NUDLER
MIDDAG	KELNER
DRIKK	SALAT
EGG	SUPPE
FRUKT	KRYDDER
GRØNNSAKER	STOL
DEILIG	FISK
IS	GAFFEL
SKJE	VANN
LUNSJ	SALT

32 - Bijen

```
X  T  H  Ø  H  B  J  U  P  P  W  D  A  E
M  A  T  E  K  L  W  V  F  O  S  R  T  A
V  F  R  O  V  O  K  S  Q  L  R  O  I  G
G  M  I  U  X  M  S  W  H  L  H  N  H  W
U  A  I  C  M  S  L  Y  Z  E  A  N  A  V
N  N  F  N  F  T  X  J  S  N  G  I  B  I
S  G  Z  Q  S  R  Ø  Y  K  T  E  N  I  N
T  F  S  S  V  E  R  M  A  H  E  G  T  G
I  O  K  O  B  I  K  U  B  E  H  M  A  E
G  L  C  H  L  S  P  T  A  I  Z  F  T  R
D  D  B  K  B  L  O  M  S  T  E  R  L  N
F  R  U  K  T  T  H  O  N  N  I  N  G  L
P  O  L  L  I  N  A  T  O  R  A  G  W  S
C  Z  O  D  L  Z  D  T  N  B  F  B  G  N
```

POLLINATOR	DRONNING
BIKUBE	RØYK
BLOMSTER	POLLEN
BLOMSTRE	HAGE
MANGFOLD	VINGER
ØKOSYSTEM	MAT
FRUKT	GUNSTIG
HABITAT	VOKS
HONNING	SOL
INSEKT	SVERM

33 - School #1

```
G Z A E S O N B M C E K K G
J Z Q O V F C R M Y L J L X
Q V W Z A X R F H S R L A M
M O R O R B Ø K E R H I S J
B Y V O A L P E N N E R S L
M I N J K Y J P K U L J E O
A A B F P A T A U S V I R N
T D P L N N U P G T A Y O F
T S Q P I T P I P O F M M L
E E H H E O F R T L T L E U
V D K T V R T E C L X Q E N
N Q S K R I V E B O R D I S
A L F A B E T N K J C H R J
L Æ R E R V E N N E R P V A
```

ALFABET
SVAR
BIBLIOTEK
BØKER
SKRIVEBORD
EKSAMEN
KLASSEROM
LÆRER
LUNSJ

MAPPER
PAPIR
PENNER
MORO
BLYANT
STOL
VENNER
MATTE

34 - Wandelen

```
O U P J O F K B G L V F P K
K A R T R N J L L C A O A A
D V Z U I J V E I J N R R F
R M J N E Y L Y L M N B K F
T T E G N A T U R L A E E Z
L N J S T E I N E R R R R Z
A Q X S E K L I P P E E X W
C A V T R Ø T T U D M D Y R
H A O H I F F R M F J E X Z
O Z M K N F A R E R S L P S
Q G Y P G W Q E K C O S Z Z
M E G O I H S T Ø V L E R M
L K G T S N T O P P M Ø T E
I G L F N E G V I L L T E B
```

FJELL	NATUR
DYR	ORIENTERING
FARER	PARKER
KART	STEINER
CAMPING	TOPPMØTE
KLIPPE	FORBEREDELSE
KLIMA	VANN
STØVLER	VILL
TRØTT	SOL
MYGG	TUNG

35 - Ecologie

```
T  P  C  L  G  K  F  S  H  Q  F  E  S  B
Q  Ø  F  J  E  L  L  L  A  B  A  O  A  Æ
Y  A  R  U  V  I  O  S  Q  A  U  V  M  R
V  I  A  K  E  M  K  B  L  R  N  E  F  E
E  H  F  H  E  A  N  Z  A  T  A  R  U  K
G  J  Y  O  Z  K  V  A  N  L  M  L  N  R
E  M  H  H  E  P  O  C  T  N  Y  E  N  A
T  M  A  N  G  F  O  L  D  U  R  V  M  F
A  S  B  X  P  L  A  N  T  E  R  E  Z  T
S  V  I  P  V  O  T  Z  E  Z  K  L  G  I
J  I  T  M  L  R  V  A  K  S  K  S  I  G
O  N  A  V  O  A  Z  D  H  O  C  E  Z  G
N  C  T  I  Q  B  M  A  R  I  N  E  Z  H
O  D  G  V  U  O  X  N  A  T  U  R  H  A
```

FJELL	KLIMA
MANGFOLD	MARINE
TØRKE	MYR
BÆREKRAFTIG	NATUR
FAUNA	NATURLIG
FLORA	OVERLEVELSE
SAMFUNN	PLANTER
GLOBAL	ART
HABITAT	VEGETASJON

36 - Installaties

```
L G F V B R Y C H P B X M V
Ø J B L O M S T A O I S R E
V Ø B C O T B R G M Q V Y G
V D B Æ R R G E E S S A G E
E S L J S X A K F W K N N T
R E A B Ø N N E A W K O A A
K L D A K I F F G K A U G S
F M S M G E E Ø W K T C R J
Z D M B M A B Y J I G U E O
G R U U O U R T B U S K S N
U M M S S N O J F N B V S W
T Q Y G E C T T W L E S F Q
B O T A N I K K N A Q K Z G
E Z O V Z M A M A E L F Y M
```

BAMBUS	GRESS
BÆR	EFØY
BLAD	URT
BLOMST	GJØDSEL
TRE	MOSE
BØNNE	BOTANIKK
SKOG	BUSK
KAKTUS	HAGE
FLORA	VEGETASJON
LØVVERK	ROT

37 - School #2

```
V  T  B  A  V  H  I  M  A  T  T  E  N  R
E  L  L  I  T  T  E  R  A  T  U  R  K  P
M  Æ  Y  L  B  T  C  O  R  D  B  O  K  A
L  R  A  K  A  L  E  N  D  E  R  I  X  P
P  E  N  N  E  R  I  A  G  P  A  X  U  I
B  R  T  I  G  K  O  O  E  E  S  A  T  R
Ø  B  G  R  A  M  M  A  T  I  K  K  D  Y
K  U  Z  S  S  H  C  F  A  E  F  U  A  G
E  S  A  D  A  T  A  M  A  S  K  I  N  G
R  S  S  V  K  F  V  O  W  K  B  Q  N  S
E  B  M  W  S  U  I  L  I  O  C  W  I  E
L  I  U  H  E  L  G  E  N  E  Z  V  N  K
A  K  A  D  E  M  I  S  K  X  E  T  G  K
V  I  T  E  N  S  K  A  P  U  V  Q  L  L
```

AKADEMISK	PAPIR
BIBLIOTEK	PENNER
BØKER	BLYANT
BUSS	RYGGSEKK
DATAMASKIN	SAKS
GRAMMATIKK	SKO
KALENDER	HELGENE
LÆRER	VITENSKAP
LITTERATUR	MATTE
UTDANNING	ORDBOK

38 - Oceaan

```
D T Ø S T E R S T T J D K T
B X Q X K I Y A K B A U T P
Z A L V K I R I X H L D Q F
K K R C A R L D K G R W R Z
Y H V A L X A P W E E F O X
B H Z S G T H B A Å L X P N
V L A R E V N W B D P T U B
S S T O R M J I Z E D N B Å
S P D S V A M P R E K E K T
A J C T U N F I S K O H A I
L H Z B L E K K S P R U T F
T B Q Z F T I D E V A N N I
D E L F I N V T T H L P J S
F U A M P G S Q F X L R B K
```

ÅL
ALGER
BÅT
DELFIN
REKE
TIDEVANN
HAI
KORALL
KRABBE
MANET

BLEKKSPRUT
ØSTERS
REV
SKILPADDE
SVAMP
STORM
TUNFISK
FISK
HVAL
SALT

39 - Landen #2

```
I N D O N E S I A I C E I R
N T B K V K W Q H N D T Q U
M E X I C O J B Z K N I L S
K U P G C F G A W I F O A S
X X J A P A N N D P R P O L
H T A B L I B E R I A I S A
L I B A N O N I K E N A U N
N U U S H P Q R E X K U G D
H I K D H V N L N P R W A L
E T G R M A L A Y S I A N H
L V U E A W S N A O K L D K
L K S Y R I A D V T E D A W
A A K J U I N D A N M A R K
S O M A L I A A A U P J S G
```

DANMARK	LIBERIA
ETIOPIA	MALAYSIA
FRANKRIKE	MEXICO
HELLAS	NEPAL
IRLAND	NIGERIA
INDONESIA	UGANDA
JAPAN	UKRAINA
KENYA	RUSSLAND
LAOS	SOMALIA
LIBANON	SYRIA

40 - Bloemen

```
T Z Q F S O L S I K K E P D
L U G A R D E N I A F O Å D
A P L U M E R I A Y R O S R
V P Ø I L S K L Ø V E R K O
E E V U P J R L V A F K E S
N O E J T A O I Q L M I L E
D N T G I S N L Y M O D I M
E F A W S M B J L U O É L A
L W N B W I L E S E W M J G
C E N R W N A A P E W L E N
G Z K L V U D B U K E T T O
P A S J O N S B L O M S T L
H I B I S K U S G O E O M I
T U S E N F R Y D V S B P A
```

KRONBLAD	PÅSKELILJE
BUKETT	ORKIDÉ
GARDENIA	LØVETANN
HIBISKUS	VALMUE
SJASMIN	PASJONSBLOMST
KLØVER	PEON
LAVENDEL	PLUMERIA
LILJE	ROSE
TUSENFRYD	TULIPAN
MAGNOLIA	SOLSIKKE

41 - Huisdieren

```
W  X  F  S  H  G  Q  Y  O  V  W  K  K  E
B  Q  N  A  L  X  I  H  B  A  E  R  A  W
S  K  D  J  P  F  K  U  H  L  I  A  T  B
Y  K  A  P  T  Q  A  N  H  P  F  G  T  C
A  Z  I  N  E  N  T  D  A  R  R  E  U  G
F  Z  C  L  I  R  T  M  M  A  T  J  N  B
V  A  N  N  P  N  E  U  S  R  Y  F  G  H
R  K  R  H  A  A  T  S  T  M  W  A  E  M
V  A  G  X  P  Ø  D  P  E  F  K  F  P  T
G  D  B  E  E  Y  G  D  R  I  G  N  F  S
K  L  Ø  R  G  H  A  L  E  S  E  Q  J  J
X  E  A  O  Ø  F  G  S  E  K  I  Y  S  Q
X  G  R  V  Y  E  F  S  P  T  T  U  T  Q
N  G  K  V  E  T  E  R  I  N  Æ  R  Y  E
```

VETERINÆR	KRAGE
GEIT	MUS
ØGLE	PAPEGØYE
HAMSTER	VALP
HUND	SKILPADDE
KATT	HALE
KATTUNGE	FISK
KLØR	MAT
KU	VANN
KANIN	

42 - Landschappen

```
H N H J G P N L X Z S N T R
U H U G F O Å N P I H U U Q
N Z P I N N S J Ø D A L N J
H B O S U R P O H R K D J
R A D B F V M B B X P Q R N
S E A R F C P P Q U X K A G
Ø Y K E Ø J Q R M Q F W S R
G J M W R G E Y S I R D T Z
H U L E K H A L V Ø Y X R M
A L L X E L V F L V B K A W
V Z T F N T D O F O S S N U
V U L K A N E W A Q O D D A
N N V K P P T B R S S F G A
I S F J E L L M T Z E O Z V
```

FJELL
ØY
GEYSIR
ISBRE
GULF
HULE
ÅS
ISFJELL
INNSJØ
SUMP

OASE
ELV
HALVØY
STRAND
TUNDRA
DAL
VULKAN
FOSS
ØRKEN
HAV

43 - Tuin

```
V  R  I  H  T  M  Q  B  W  L  H  G  B  T
I  Y  R  V  E  Q  B  T  L  U  K  A  S  R
N  E  L  G  R  E  S  S  D  O  M  R  M  A
T  V  S  U  R  S  P  A  D  E  M  A  H  M
R  O  Q  H  A  G  E  J  E  F  U  S  J  P
E  F  M  E  S  L  A  N  G  E  C  J  T  O
E  R  D  N  S  D  L  Q  J  Q  N  E  B  L
T  U  N  G  E  E  A  Z  E  T  R  E  U  I
D  K  M  E  C  U  V  M  R  J  O  L  G  N
E  T  I  K  V  Y  P  B  D  M  B  O  R  E
I  H  D  Ø  X  L  L  E  E  Q  U  F  E  Q
G  A  T  Y  N  Y  E  N  C  R  S  O  S  P
C  G  Y  E  Z  T  N  K  R  A  K  E  S  E
V  E  R  A  N  D  A  K  R  E  W  B  A  D
```

BENK	UGRESS
BLOMST	SPADE
TRE	SLANGE
FRUKTHAGE	BUSK
GARASJE	TERRASSE
PLEN	TRAMPOLINE
GRESS	HAGE
HENGEKØYE	VERANDA
RAKE	DAM
GJERDE	VINTREET

44 - Katten

```
O S Q N G P A E S N W U S V
L T V K H A G N W C M E J N
L F L N U P R S L N Z P E E
G P V Z V O T N G Y R E N E
H A I K P T A U M S S R E P
Y A L E K E N H Q G K S R E
D Y L C A J R P D J O O T L
M U N E J Y Y Y N E Y N W S
U A V H E N G I G R K L O Ø
S P I W G Z T Z V R Z I Z V
C H K K E U V D B I A G J N
O V M O R S O M S G D H Q F
B O Y E H E N H F D P E X T
R Q T T Q V Y R L W E T P I
```

PELS	UAVHENGIG
GARN	PERSONLIGHET
GAL	POTE
MORSOM	SØVN
JEGER	LEKEN
KLO	HALE
MUS	SJENERT
NYSGJERRIG	VILL

45 - Beroepen #2

```
L P Q B P P F O B P B L I J
M E D F I L O S O F I S N O
A Z G I L B B N N I O W G U
L Y T E O A L H D H L W E R
E W E W T V T I E K O F N N
R L F S Q L O A O B G O I A
K I R U R G S F N T L R Ø L
G A R T N E R N X N E S R I
D E T E K T I V I M L K Z S
I L L U S T R A T Ø R E A T
F O T O G R A F G Y I R G R
X D L I N G V I S T S S P E
A S T R O N A U T L Æ R E R
O P P F I N N E R K Z K A C
```

LEGE	INGENIØR
ASTRONAUT	JOURNALIST
BIBLIOTEKAR	LÆRER
BIOLOG	LINGVIST
BONDE	FORSKER
KIRURG	PILOT
DETEKTIV	MALER
FILOSOF	TANNLEGE
FOTOGRAF	GARTNER
ILLUSTRATØR	OPPFINNER

46 - Dagen en Maanden

```
N  T  O  R  S  D  A  G  R  Y  I  Q  V  E
M  O  I  F  A  M  O  H  O  F  A  F  R  J
A  N  V  R  D  K  Z  R  C  U  T  E  P  F
N  S  X  E  S  T  S  O  K  T  O  B  E  R
D  D  L  D  M  D  H  Y  W  G  S  R  P  D
A  A  S  A  Å  B  A  U  Y  B  Q  U  F  G
G  G  H  G  N  Y  E  G  B  D  E  A  I  T
P  B  F  Q  E  L  Ø  R  D  A  G  R  M  J
O  P  D  D  D  Z  T  L  A  G  Y  Q  H  A
S  E  P  T  E  M  B  E  R  U  K  E  M  N
M  A  R  S  J  K  O  Z  C  J  G  C  Å  U
J  U  L  I  U  S  Ø  N  D  A  G  U  R  A
K  A  L  E  N  D  E  R  M  F  L  P  S  R
L  H  Z  G  I  Q  R  S  V  V  G  S  C  T
```

AUGUST	MANDAG
TIRSDAG	MARS
TORSDAG	NOVEMBER
FEBRUAR	OKTOBER
ÅR	SEPTEMBER
JANUAR	FREDAG
JULI	UKE
JUNI	ONSDAG
KALENDER	LØRDAG
MÅNED	SØNDAG

47 - Beeldende Kunsten

```
S A R T I S T V F R S M I K
T F F B P E N N O Y U N S R
A B J B O O S L P K X M W I
F U R L E I R E A W S V Y T
F Q Z Y O P L T Y K U L L T
E V K A A J G D R C K V U V
L J K N P E R S P E K T I V
I U E T W C Y T C D T P L M
T A R S K U L P T U R T C A
S J A B L O N G S V F R N L
S A M M E N S E T N I N G E
R M I B X P E X E H L B W R
A R K I T E K T U R M M K I
T U K M E S T E R V E R K D
```

ARKITEKTUR	PENN
ARTIST	PERSPEKTIV
SKULPTUR	PORTRETT
STAFFELI	BLYANT
FILM	SAMMENSETNING
KULL	MALERI
KERAMIKK	SJABLONG
LEIRE	LAKK
KRITT	VOKS
MESTERVERK	

48 - Menselijk Lichaam

```
A  S  H  F  Ø  H  F  A  B  M  Y  R  B  U
P  N  J  Y  R  O  I  W  A  W  E  Y  D  Z
A  V  K  N  E  D  N  N  T  D  N  J  X  C
N  E  S  E  N  E  G  S  S  B  D  O  F
T  S  K  U  L  D  E  R  H  O  W  S  H  A
N  T  H  W  H  S  R  K  J  Q  G  V  U  N
H  A  K  E  A  I  F  J  E  M  G  I  D  D
H  H  M  P  L  L  H  Z  R  A  E  P  V  J
J  E  I  U  S  H  B  T  G  M  N  T  K
E  T  S  N  N  W  E  U  E  E  J  C  F  J
R  S  Y  U  A  N  I  N  E  Y  V  E  G  E
T  Z  X  I  F  K  N  G  L  B  L  O  D  V
E  G  H  Å  N  D  H  E  L  Y  K  Z  O  E
U  G  F  F  A  K  C  S  C  Y  L  X  X  Z
```

BEIN	HAKE
BLOD	KNE
ALBUE	MAGE
ANKEL	MUNN
HÅND	HALS
HJERTE	NESE
HJERNE	ØRE
HODE	SKULDER
HUD	TUNGE
KJEVE	FINGER

49 - Familie

```
P C P L E U C W M H L J H P
N I E S E K O N E B M T P V
T C O A C I T K T V R I J K
B A R N D O M E R O F O V K
U X Y J N B V S M B J Z R X
R L Q F G L R D D A T T E R
S T A M F A R A N R N K T C
S B A R N E B A R N E N F I
E E A N X E P C D E V D N U
S D H R T V V L D C Ø V B Y
M K I B B E S T E M O R O Y
F A D E R L I G S O F A R E
J S O N K E L W P R J K B T
B E S T E F A R S Ø S T E R
```

BROR	NIESE
DATTER	ONKEL
BESTEMOR	BESTEFAR
BARNDOM	TANTE
BARN	FAR
BARNEBARN	FADERLIG
EKTEMANN	STAMFAR
MOR	KONE
NEVØ	SØSTER

50 - Gebouwen

```
Z  H  O  T  E  L  L  T  K  U  H  P  N  S
D  Q  B  A  A  B  Q  E  I  N  T  W  D  U
D  L  S  M  W  M  T  L  N  I  B  T  D  P
W  B  E  B  H  G  E  T  O  V  L  Å  V  E
T  D  R  A  M  Y  A  Q  R  E  E  R  S  R
J  Y  V  S  U  G  T  A  E  R  I  N  Y  M
G  W  A  S  S  W  E  T  B  S  L  S  K  A
G  L  T  A  E  L  R  U  E  I  I  T  E  R
B  Å  O  D  U  K  O  C  F  T  G  A  H  K
V  E  R  E  M  M  O  T  Q  E  H  D  U  E
K  D  I  D  W  P  L  Q  T  T  E  I  S  D
I  L  U  D  U  S  K  O  L  E  T  O  Y  Z
R  X  M  F  A  B  R  I  K  K  O  N  K  F
L  A  B  O  R  A  T  O  R  I  U  M  B  B
```

AMBASSADE
LEILIGHET
KINO
GÅRD
HYTTE
FABRIKK
HOTELL
SLOTT
LABORATORIUM
MUSEUM

OBSERVATORIUM
SKOLE
LÅVE
STADION
SUPERMARKED
TELT
TEATER
TÅRN
UNIVERSITET
SYKEHUS

51 - Kunst

```
F O T K Q S K I L D R E D S
I N S P I R E R T A G R U A
E Z K Y K E R A M I S K T M
M S A S M V I S U E L L T M
N K P U L B X C O Y I V R E
E U E R R O O U H K X H Y N
X L L R M U B L B P C U K S
B P O E S I R J Y E F M K E
D T M A L E R I E R I Ø X T
G U M L J Z E E P X G R M N
Æ R L I G C T Y N A U X O I
M G A S S J V G F K R J N N
U K O M P L E K S I E B W G
R H P E R S O N L I G L X F
```

SKULPTUR
KOMPLEKS
SKAPE
ENKEL
ÆRLIG
FIGUR
INSPIRERT
HUMØR
KERAMISK
EMNE

PERSONLIG
POESI
SKILDRE
SAMMENSETNING
MALERIER
SURREALISME
SYMBOL
UTTRYKK
VISUELL

52 - Beroepen #1

```
R A S T R O N O M J E G E R
F Ø K A R T O G R A F Z F F
A I R T A M B A S S A D Ø R
R G U L L S M E D N D T G R
M E V E E Y W B C Y V D U P
A U D T G G L A J Z O P C V
S D S A E W G B A N K I E R
Ø U C I K P R E Q C A A K D
Y U Q D K T S M R J T N N A
T L G R V E Ø G N B Q I K N
F O R S K E R R W G K S I S
V E T E R I N Æ R E V T D E
P S Y K O L O G E O L O G R
S Y K E P L E I E R B R K I
```

ADVOKAT	REDAKTØR
AMBASSADØR	GEOLOG
FARMASØYT	JEGER
ASTRONOM	GULLSMED
ATLET	RØRLEGGER
BANKIER	MUSIKER
KARTOGRAF	PIANIST
DANSER	PSYKOLOG
VETERINÆR	SYKEPLEIER
LEGE	FORSKER

53 - Kastelen

```
Q V J N U L Y J Y Q Z J R A
V E G G Y V S X I Y L C N O
Q N G E K K D P Q K Q J S D
F H E S T A Y R A X M D V F
J J I K H W N I O L K R E I
H Ø C O J R A N L R A U R M
P R I N S E S S E I T S D P
E N F G S T T N D D A T S E
D I F E J K I D P D P N K R
E N R D D R A G E E U I R I
L G F Ø Y D A L J R L N O U
O Z J M T Å R N K A T G N M
Z G J M S K J O L D C C E N
S K H E F A N G E H U L L U
```

DRAGE
DYNASTI
EDEL
ENHJØRNING
FØYDAL
RUSTNING
KATAPULT
FANGEHULL
KONGEDØMME
KRONE

VEGG
HEST
PALASS
PRINS
PRINSESSE
RIDDER
IMPERIUM
SKJOLD
TÅRN
SVERD

54 - Insecten

```
K J A B L A D L U S L O R M
S A J B I E H A H C O Y E D
O Q K T G L L R E T P Z Q A
V T V E P S L V D X P V S I
T C H R R K B E I O E B D F
B N S M Ø L L E E M I G R A
Y Q B I Z C A I P A A Y H M
I N C T P G W K P I Y U F V
U I F T G S M J K Z W I R M
M Y G G R E S S H O P P E A
Ø Y E N S T I K K E R R I N
O S O M M E R F U G L C G T
C I C A D A P C X P I Q E I
C H P I E J C J C F R L I S
```

MANTIS	MØLL
BIE	MYGG
BLADLUS	GRESSHOPPE
CICADA	TERMITT
KAKERLAKK	SOMMERFUGL
BILLE	LOPPE
LARVE	VEPS
ØYENSTIKKER	ORM
MAUR	

55 - Antarctica

```
V T O B I S T E I N E T E K
V T Z L T F Ø K A M P T G O
H A L V Ø Y Y S D I I E E N
S U N B L C E P H N N M O T
K B A N U F R E H E G P G I
Y E Y F P K R D I R V E R N
E V F W A Q T I S A I R A E
R A I O K V M S B L N A F N
B R Z C R G D J R E E T I T
M I L J Ø S M O E R R U T Q
V N E L J Z K N E P I R K I
F G Y N C A Z E R J F Q L U
B C W X R M I G R A S J O N
V I T E N S K A P E L I G Y
```

BUKT
BEVARING
KONTINENT
ØYER
EKSPEDISJON
GEOGRAFI
ISBREER
IS
MIGRASJON
MINERALER

MILJØ
FORSKER
PINGVINER
STEINETE
HALVØY
TEMPERATUR
VANN
VITENSKAPELIG
SKYER

56 - Ballet

```
K S U Y N I T G M U S I K K
U O T C F O V R U P G N T O
T R R I O P J A S U Ø T E M
T K Y E L Y H S K B V E K P
R E T K O U Z I L L I N N O
Y S M Q D G P Ø E I N S I N
K T E P P E R S R K G I K I
K E D W R X A F U C T K S
S R Y O A T D E F M F E U T
F N T T K G F U D I J T P H
U K U N S T N E R I S K A X
L C L Z I Y J A P P L A U S
L D A N S E R E T W E U I R
B A L L E R I N A M G E D W
```

APPLAUS
KUNSTNERISK
BALLERINA
KOREOGRAFI
KOMPONIST
DANSERE
UTTRYKKSFULL
GEST
INTENSITET
MUSIKK

ORKESTER
PRAKSIS
PUBLIKUM
ØVING
RYTME
GRASIØS
MUSKLER
STIL
TEKNIKK

57 - Vissen

```
M  K  T  K  F  G  F  N  Y  L  O  I  R  D
W  J  U  Å  T  J  M  P  T  O  G  N  R  N
W  E  T  R  L  A  K  H  V  V  J  N  P  M
P  V  R  T  V  M  R  O  G  K  E  S  E  C
R  E  Z  W  V  K  O  K  K  T  L  J  R  S
Å  R  S  T  I  D  K  D  Y  B  L  Ø  S  S
J  I  T  S  C  M  F  L  I  T  E  E  A  I
E  R  L  E  D  N  I  N  G  G  R  A  S  U
H  M  S  T  R  A  N  D  C  P  H  Y  S  T
A  E  L  V  A  N  N  A  S  A  X  E  I  S
V  B  O  E  C  M  E  D  D  V  J  F  T  T
L  S  Å  K  I  E  N  X  Q  G  J  W  W  Y
A  G  N  T  E  M  E  U  S  V  S  V  M  R
D  O  V  E  R  D  R  I  V  E  L  S  E  Q
```

AGN	KURV
UTSTYR	INNSJØ
BÅT	HAV
LEDNING	OVERDRIVELSE
TÅLMODIGHET	ELV
VEKT	ÅRSTID
KROK	STRAND
KJEVE	FINNENE
GJELLER	VANN
KOKK	

58 - Fruit

```
D  H  A  B  M  K  R  B  Æ  R  S  Q  R  F
Y  T  N  Y  S  O  S  R  L  V  Q  K  Q  Q
T  P  A  I  M  K  K  I  R  S  E  B  Æ  R
C  R  N  U  F  O  I  N  T  M  D  R  U  E
H  P  A  D  P  S  W  G  Z  R  E  G  X  R
X  H  S  Y  P  N  I  E  T  A  O  L  N  E
F  X  P  P  F  Ø  F  B  A  N  A  N  O  Z
E  P  L  E  N  T  P  Æ  R  E  E  D  G  N
R  A  O  K  M  T  U  R  N  N  E  R  Y  O
S  P  M  Z  N  A  P  R  I  K  O  S  T  T
K  A  M  D  I  G  N  O  R  A  N  S  J  E
E  Y  E  B  E  M  G  G  C  S  U  T  W  Z
N  A  N  X  Q  I  A  V  O  K  A  D  O  L
T  T  W  X  N  E  K  T  A  R  I  N  Q  L
```

APRIKOS	KIWI
ANANAS	KOKOSNØTT
EPLE	MANGO
AVOKADO	MELON
BANAN	NEKTARIN
BÆR	ORANSJE
SITRON	PAPAYA
DRUE	PÆRE
BRINGEBÆR	FERSKEN
KIRSEBÆR	PLOMME

59 - Literatuur

```
E Y Q R D E W Z F O B S T K
S E C Y I D V I Y U E A H O
T M E T A F O R E K S M F N
E E B M L D I K T A K M O K
K N M E O S V L B N R E R L
Z I G A G T U D I E I N F U
L N P A I I X T O K V L A S
V G C N J L P R G D E I T J
R O M A N F O A R O L G T O
A N A L Y S E G A T S N E N
N X F O J F T E F E E I R I
M H Z G J V I D I Y D N I O
T L C I U D S I U O S G M K
D Q E H E K K E P P Z N E G
```

ANALOGI

ANALYSE

ANEKDOTE

FORFATTER

BIOGRAFI

KONKLUSJON

DIALOG

DIKT

MENING

METAFOR

BESKRIVELSE

POETISK

RIM

RYTME

ROMAN

STIL

TEMA

TRAGEDIE

SAMMENLIGNING

60 - Technologie

```
R  D  B  I  I  F  K  A  M  E  R  A  S  Y
E  Y  A  G  J  I  O  B  L  O  G  G  L  Y
F  B  Y  T  E  L  N  R  S  K  R  I  F  T
M  P  O  W  A  A  C  S  S  V  I  R  U  S
W  A  M  E  L  D  I  N  G  K  I  F  V  D
P  D  R  B  E  N  O  E  D  J  N  V  P  V
N  P  H  K  S  T  A  T  I  S  T  I  K  K
G  P  L  G  Ø  B  S  T  G  S  E  R  N  Y
U  C  Z  Q  F  R  F  L  I  K  R  T  S  G
S  I  K  K  E  R  H  E  T  J  N  U  Y  Z
G  O  Z  Y  H  L  Y  S  A  E  E  E  K  I
W  H  B  W  P  B  E  E  L  R  T  L  K  Q
M  L  G  Y  X  G  J  R  T  M  T  L  R  C
P  R  O  G  R  A  M  V  A  R  E  G  L  T
```

MELDING	INTERNETT
FIL	SKRIFT
BLOGG	FORSKNING
NETTLESER	SKJERM
BYTE	PROGRAMVARE
KAMERA	STATISTIKK
MARKØR	SIKKERHET
DIGITALT	VIRTUELL
DATA	VIRUS

61 - Boeken

```
R O Z N S A M L I N G R L R
X L J O I K T P L E S E R O
B K H U M O R I S T I S K M
B U Z K C Q A E K C D Z K A
O C M I V M G F V Q E S O N
H I S T O R I S K E K L N Y
E D I L F R S H D A T I P
L P I U M C K I U K A T E O
F O I K L G S S A T S T K E
Q R R S T I V T L U K E S S
E U C I K V H O I E O R T I
E V E N T Y R R T L P Æ E Y
S C Q X A I H I E L G R D F
J E N W L Q F E T L R V R G
```

EVENTYR
SIDE
SAMLING
KONTEKST
DUALITET
EPISK
DIKT
SKREVET
HISTORISK

HUMORISTISK
LESER
LITTERÆR
POESI
AKTUELL
ROMAN
TRAGISK
HISTORIE

62 - Meer Informatie

```
U  B  P  E  R  L  L  S  G  G  I  G  Z  E
O  B  A  F  U  T  U  R  I  S  T  I  S  K
F  Z  K  I  L  L  U  S  J  O  N  Y  M  S
C  R  I  A  U  T  O  P  I  Q  L  O  H  P
B  G  N  C  E  E  K  S  T  R  E  M  U  L
B  Ø  O  O  Q  K  I  N  N  B  I  L  T  O
O  R  K  F  A  N  T  A  S  T  I  S  K  S
R  O  A  E  I  O  D  Y  S  T  O  P  I  J
A  B  P  N  R  L  V  E  R  D  E  N  Z  O
K  O  L  O  N  O  M  Y  S  T  I  S  K  N
E  T  A  P  Q  G  S  C  E  N  A  R  I  O
L  E  N  A  S  I  J  B  V  A  G  P  T  G
R  R  E  A  L  I  S  T  I  S  K  Q  Q  R
D  Z  T  M  M  L  H  S  G  A  L  A  X  Y
```

KINO
BØKER
BRANN
INNBILT
DYSTOPI
EKSPLOSJON
EKSTREM
FANTASTISK
FUTURISTISK
ILLUSJON

MYSTISK
ORAKEL
PLANET
REALISTISK
ROBOTER
SCENARIO
GALAXY
TEKNOLOGI
UTOPI
VERDEN

63 - Regenwoud

```
P  I  N  L  T  T  N  U  A  K  R  O  O  S
T  N  V  S  A  I  S  U  A  L  E  R  V  K
A  S  E  L  N  L  C  U  R  I  S  R  E  Y
V  E  R  D  I  F  U  L  L  M  P  E  R  E
Z  K  F  Y  B  L  N  Y  N  A  E  S  L  R
F  T  U  T  P  U  R  F  O  L  K  T  E  A
I  E  G  Y  G  K  R  X  E  O  T  A  V  M
Z  R  L  B  O  T  A  N  I  S  K  U  E  F
S  B  E  V  A  R  I  N  G  M  S  R  L  I
N  B  R  J  E  R  J  V  H  O  B  E  S  B
J  U  N  G  E  L  T  Q  U  S  B  R  E  I
S  A  M  F  U  N  N  E  T  E  K  I  J  E
N  A  T  U  R  S  Z  O  C  B  N  N  E  R
M  A  N  G  F  O  L  D  N  H  K  G  E  Q
```

AMFIBIER
BEVARING
BOTANISK
MANGFOLD
SAMFUNNET
URFOLK
INSEKTER
JUNGEL
KLIMA
MOSE

NATUR
OVERLEVELSE
RESPEKT
RESTAURERING
ART
TILFLUKT
FUGLER
VERDIFULL
SKYER

64 - Haartypes

```
R  H  Z  G  M  A  X  I  O  S  S  B  R  C
E  D  W  A  Y  D  C  V  L  D  T  K  Z  S
J  Z  B  S  K  O  R  T  Y  N  N  R  H  V
K  J  J  K  J  D  L  A  N  G  F  Ø  O  A
W  R  F  A  R  G  E  T  C  B  L  L  D  R
C  B  Ø  L  G  E  T  E  Q  W  E  L  E  T
F  L  Y  L  J  Q  Y  H  V  I  T  E  B  A
Z  O  Y  E  L  B  K  Q  X  T  T  T  U  X
I  N  T  T  R  E  K  S  P  Z  E  E  N  X
N  D  S  Ø  L  V  R  W  L  K  T  E  N  P
X  J  A  O  R  E  F  W  B  G  R  Å  L  A
R  B  R  P  L  R  F  M  R  M  X  K  F  X
B  P  W  S  U  N  N  B  U  M  H  P  H  W
Z  U  F  D  I  V  J  Z  N  B  M  I  C  I
```

BLOND	HODEBUNN
BRUN	SKALLET
TYKK	KORT
TØRR	KRØLLER
TYNN	KRØLLET
FARGET	LANG
FLETTET	HVIT
SUNN	MYK
BØLGETE	SØLV
GRÅ	SVART

65 - Gereedschap Voor het Kok

```
U  P  R  Q  U  M  A  L  S  Y  Z  T  U  D
S  K  J  E  R  Z  G  O  A  C  K  E  L  T
B  E  S  T  I  K  K  K  K  R  O  R  K  O
E  O  T  H  V  J  E  K  S  M  V  M  G  G
C  E  E  X  J  Ø  U  N  S  S  D  O  K  O
Y  H  K  J  E  L  E  I  O  I  C  M  O  K
W  Y  E  U  R  E  O  A  C  V  L  E  M  V
W  I  S  E  N  S  E  T  K  E  N  T  F  M
Z  V  P  D  L  K  K  N  I  V  R  E  Y  Z
B  H  A  I  F  A  G  O  S  L  F  R  R  Y
U  N  D  Y  F  P  D  Ø  R  S  L  A  G  V
L  T  E  B  R  Ø  D  R  I  S  T  E  R  X
H  W  H  K  M  K  E  E  V  I  F  R  G  W
G  A  F  F  E  L  K  Q  J  J  X  N  G  A
```

BESTIKK	RIVJERN
BRØDRISTER	JUICER
LOKK	SAKS
KOMFYR	STEKESPADE
KJELE	TERMOMETER
KJØLESKAP	DØRSLAG
SKJE	GAFFEL
KNIV	SIL
OVN	

66 - Stad

```
S  K  H  F  X  B  I  B  L  I  O  T  E  K
K  L  I  N  I  K  K  O  M  Q  A  B  U  T
O  W  N  N  G  F  Y  K  U  N  P  U  N  U
L  X  B  Y  O  G  L  H  S  B  O  T  I  X
E  H  O  T  E  L  L  A  E  A  T  I  V  E
M  T  E  A  T  E  R  N  U  K  E  K  E  B
C  A  O  L  L  B  J  D  M  E  K  K  R  A
W  E  R  Q  D  F  W  E  A  R  L  F  S  N
C  E  H  K  A  Z  L  L  Y  I  O  U  I  K
D  S  U  P  E  R  M  A  R  K  E  D  T  Q
F  W  M  J  T  D  Y  R  E  H  A  G  E  S
W  R  X  Y  G  A  L  L  E  R  I  Q  T  Z
S  T  A  D  I  O  N  C  K  I  U  D  X  W
F  L  Y  P  L  A  S  S  E  N  Y  P  T  P
```

APOTEK	FLYPLASSEN
BAKERI	MARKED
BANK	MUSEUM
BIBLIOTEK	SKOLE
KINO	STADION
BOKHANDEL	SUPERMARKED
DYREHAGE	TEATER
GALLERI	UNIVERSITET
HOTELL	BUTIKK
KLINIKK	

67 - Natuur

```
V D J A J S K L I P P E R D
Q K Z W R O K I H H A U X B
G G H I N K S J C G C Q W I
K E F D J G T U Ø R K E N E
P Y S V O A A I K N O D F R
D Y N A M I S K S M N L Y J
T R O P I S K K K K M H I D
I B F Z V B O G Y F M E E G
V N S B Q R G A E U N L R T
I V N T O E B X R N E V O Å
L Ø V V E R K B R T M K S K
L D B V I K T I G I H J J E
O Y D K X H E L L I G D O M
X R Q E N O S V L K V W N P
```

ARKTISK   TÅKE
BIER   ELV
SKOG   SKJØNNHET
DYR   LY
DYNAMISK   ROLIG
EROSJON   TROPISK
LØVVERK   VIKTIG
ISBRE   VILL
HELLIGDOM   ØRKEN
KLIPPER   SKYER

68 - Dinosaurussen

```
K  J  Ø  T  T  E  T  E  R  E  P  T  I  L
F  O  S  S  I  L  E  R  A  P  T  O  R  S
S  T  Ø  R  R  E  L  S  E  J  Y  A  U  T
F  O  R  S  V  I  N  N  I  N  G  R  I  O
V  I  N  G  E  R  B  P  N  Z  D  T  S  R
H  P  W  S  W  Q  J  Y  I  G  R  L  P  S
K  E  F  O  R  H  I  S  T  O  R  I  S  K
R  F  R  P  M  A  M  M  U  T  T  I  R  R
A  H  T  B  G  L  A  B  C  J  E  C  D  A
F  S  B  A  I  E  J  A  F  A  N  F  P  Q
T  V  V  P  T  V  O  Q  B  J  O  R  D  D
I  S  V  H  L  A  O  N  Q  Z  R  R  R  I
G  P  M  M  V  L  C  R  D  I  M  Q  U  F
O  M  N  I  V  O  R  E  E  S  S  A  M  D
```

JORD

KJØTTETER

ENORM

FOSSILER

STOR

STØRRELSE

HERBIVORE

KRAFTIG

MAMMUT

OMNIVORE

FORHISTORISK

BYTTE

REPTIL

RAPTOR

ART

HALE

FORSVINNING

OND

VINGER

69 - Zoogdieren

```
K E M L U T G P G E I T B B
A P E K Ø K Y R O K S E T E
T L P E T V H Æ R J Y E S V
T P F N X B E R I B K L L E
M H P G T K V I L B H K D R
H E E U S A B E L D S H D I
U S L R A N T U A K A M E L
N T F U U I A L L I F I L X
D M R Y O N J V B V E V F L
R J M H H N N K T T S Y I C
M T V Z V X F T M L I O N W
S J I R A F F M G A E Y R Q
R E V E L E F A N T H N Z A
N P S O C O X K A P L A N B
```

APE
BEVER
PRÆRIEULV
DELFIN
ESEL
GEIT
SJIRAFF
GORILLA
HUND
KAMEL

KENGURU
KATT
KANIN
LØVE
ELEFANT
HEST
OKSE
REV
HVAL
ULV

70 - 1 Jaar Geleden

```
J  A  Z  I  U  O  N  Q  O  X  K  P  S  N
K  V  F  Q  N  A  Y  M  H  L  I  A  J  Y
T  G  S  R  C  T  V  F  L  G  P  S  E  S
H  J  P  N  M  Z  E  H  D  M  M  I  N  G
X  Ø  P  Z  H  X  G  L  E  M  P  E  E  J
P  R  A  K  T  I  S  K  L  N  E  N  R  E
U  E  F  F  E  K  T  I  V  I  G  T  Ø  R
C  N  Y  T  T  I  G  I  Q  L  G  I  S  R
Q  D  E  O  U  R  E  N  V  R  E  E  G  I
S  E  K  V  B  E  S  K  J  E  D  E  N  G
S  J  A  R  M  E  R  E  N  D  E  D  N  T
P  Å  L  I  T  E  L  I  G  X  D  G  N  F
M  O  R  S  O  M  K  L  O  K  I  D  O  P
L  I  D  E  N  S  K  A  P  E  L  I  G  D
```

NYTTIG	SJENERØS
BESKJEDEN	INTELLIGENT
AVGJØRENDE	NYSGJERRIG
PÅLITELIG	UAVHENGIG
SJARMERENDE	PASIENT
EFFEKTIV	PRAKTISK
LIDENSKAPELIG	REN
GOD	KLOK
MORSOM	

71 - Exploratie

```
P  L  L  V  U  T  M  A  T  T  E  L  S  E
K  U  L  T  U  R  E  R  N  E  E  L  O  P
F  D  Y  I  P  M  W  S  P  R  Å  K  P  X
A  K  T  I  V  I  T  E  T  R  Z  A  P  F
R  E  I  S  E  J  O  H  U  E  B  Y  D  A
E  D  E  K  N  B  C  F  K  N  B  V  A  R
R  V  Y  O  V  O  B  A  J  G  Z  I  G  E
V  H  U  R  Z  K  J  L  E  E  I  L  E  F
G  D  R  T  M  W  M  L  N  V  R  L  L  U
I  Q  B  H  R  F  Y  B  T  W  W  N  S  L
I  J  L  G  L  M  R  O  M  O  T  Y  E  L
B  E  S  L  U  T  T  S  O  M  H  E  T  K
O  H  C  Y  B  O  K  O  J  D  X  F  Z  B
Q  T  W  F  J  N  H  U  X  Z  M  T  J  H
```

AKTIVITET	OPPDAGELSE
BESLUTTSOMHET	REISE
KULTURER	ROM
DYR	SPRÅK
FAREFULL	TERRENG
FARER	UTMATTELSE
MOT	FJERN
NY	VILL
UKJENT	

72 - Voertuigen

```
R  S  C  N  A  L  G  B  C  U  M  R  E  U
F  C  R  A  K  E  T  T  U  U  C  F  O  N
R  O  T  M  M  H  O  P  N  S  I  E  C  D
H  O  Y  B  T  P  G  Q  B  E  S  R  F  E
E  T  I  U  N  W  I  R  I  W  D  J  S  R
L  E  F  L  Å  T  E  N  L  E  B  E  Y  V
I  R  V  A  T  A  X  I  G  F  D  A  K  A
K  L  J  N  B  Q  T  Z  P  V  N  V  K  N
O  K  M  S  A  Å  O  I  U  H  O  C  E  N
P  P  D  E  K  K  T  F  L  Y  U  G  L  S
T  R  A  K  T  O  R  M  O  T  O  R  N  B
E  N  D  J  A  L  A  S  T  E  B  I  L  Å
R  M  Q  U  Q  R  B  N  K  T  I  Z  H  T
B  F  M  I  X  U  H  K  D  Q  N  C  P  C
```

AMBULANSE	RAKETT
BIL	SCOOTER
DEKK	TAXI
BÅT	TRAKTOR
BUSS	TOG
CAMPINGVOGN	FERJE
SYKKEL	FLY
HELIKOPTER	FLÅTE
MOTOR	LASTEBIL
UNDERVANNSBÅT	

73 - Geografie

```
Y K L A N D V N W T N S I T
H A V E K V A T O R G J S R
H R G L N Q Z D D F O G F N
H T U V B G H S T I H A E R
K A T V E R D E N M T C K B
G O L R P P M E R I D I A N
M A N V I I P V G M Q S V J
P T O T K G F E A R C R X W
K L Z Z I U U S Ø R A N W G
F A T J B N L T H Q V D C T
J S M K F D E E I C N O R D
E R E G I O N N H Ø Y D E C
L F P C Q O B O T Y K A F B
L B R E D D E G R A D U R Y
```

ATLAS	LENGDEGRAD
FJELL	MERIDIAN
BREDDEGRAD	NORD
KONTINENT	REGION
ØY	ELV
EKVATOR	BY
HALVKULE	VERDEN
HØYDE	VEST
KART	HAV
LAND	SØR

74 - Kunstbenodigdheden

```
A N K A M E R A A K R Y L B
P I A K V A R E L L E R F L
R Q G K F B L S I A B J A Y
X H I Y F T C I M B V H R A
V I S K E L Æ R N E A R G N
I A X A M T S G H G N D E T
B B Y T I H A A B K N F R E
O R S T D U U J V E D I X R
R N Q L E I R E O K T B M Q
D D A P E S W L E L U B C C
L A B Ø R S T E R P J L S T
P A P I R T S T A F F E L I
S F X U X O K C I E T K X K
M S V J O L G V I D L K U A
```

AKRYL
AKVARELLER
BØRSTER
KAMERA
STAFFELI
VISKELÆR
KULL
IDEER
BLEKK
LEIRE

FARGER
LIM
OLJE
PAPIR
BLYANTER
STOL
BORD
MALING
VANN

75 - Barbecues

```
A G N V S M G A F L E R W F
L R T P A U R R P E P P E R
O Ø E E U S L F I G S A L T
Q N T V S I K T F L A E A B
Q N A N Q K S I R U L M T Y
U S V B C K O N U N A E O L
M A W C F N M V K S T H M Ø
Q K W A A I M I T J E X A K
S E A G M V E T D Q R E T R
O R P X I E R A D D V Q E N
Q N T B L R V S P J A T R P
K Y L L I N G J Y N R G V U
R Z C N E Z W O T I M I B W
M A Y Z V Z Z N C M T P G Z
```

MIDDAG	MUSIKK
FAMILIE	PEPPER
FRUKT	SALATER
GRILLE	SAUS
GRØNNSAKER	TOMATER
VARMT	LØK
SULT	INVITASJON
KYLLING	GAFLER
LUNSJ	SOMMER
KNIVER	SALT

76 - Wetenschappelijke Discip

```
I  M  M  U  N  O  L  O  G  I  B  G  T  V
T  P  V  O  R  B  Q  Q  M  A  I  E  U  T
Y  S  Q  W  N  C  G  M  I  N  O  O  Ø  E
Z  Y  L  B  W  H  F  Y  N  A  L  L  K  R
K  K  V  W  M  U  H  B  E  T  O  O  O  M
B  O  T  A  N  I  K  K  R  O  G  G  L  O
V  L  N  O  X  J  T  K  A  M  I  I  O  D
R  O  B  O  T  I  K  K  L  I  G  T  G  Y
U  G  Q  D  A  R  K  E  O  L  O  G  I  N
S  I  O  L  I  Z  S  V  G  Y  V  G  I  A
C  F  S  C  K  J  E  M  I  I  S  R  G  M
A  S  T  R  O  N  O  M  I  I  N  K  B  I
M  E  K  A  N  I  K  K  H  C  R  R  M  K
B  I  O  K  J  E  M  I  C  S  D  Z  T  K
```

ANATOMI	IMMUNOLOGI
ARKEOLOGI	MEKANIKK
ASTRONOMI	MINERALOGI
BIOKJEMI	BOTANIKK
BIOLOGI	PSYKOLOGI
KJEMI	ROBOTIKK
ØKOLOGI	TERMODYNAMIKK
GEOLOGI	

77 - Bijvoeglijke Naamwoorden

```
G K W K A U Z D V S F Z R N
G R N P G V F B V F U T E A
B E S K R I V E N D E N N T
V A U T D N N O R M A L N U
H T L R R T B P A U N L O R
V I T Ø A E E R U V S E N L
K V E T M R G O T W V F I I
P C N T A E A D E X A I O G
S T O L T S V U N G R H L I
S Ø N R I S E K T K L G Q L
O L V P S A T T I H I A Z A
Y A X N K N C I S R G P N Y
F U P Y I T D V K S T E R K
Z Y E W V G M X S A L T C O
```

AUTENTISK	NY
BEGAVET	NORMAL
BESKRIVENDE	PRODUKTIV
KREATIV	SØVNIG
DRAMATISK	STERK
SUNN	STOLT
SULTEN	ANSVARLIG
INTERESSANT	VILL
TRØTT	SALT
NATURLIG	REN

78 - Kleding

```
I  M  A  W  P  Y  J  A  M  A  S  K  O  D
Y  J  F  R  C  K  X  U  J  A  K  K  E  C
R  I  Q  L  L  W  P  S  S  S  J  F  C  W
Z  Q  O  S  G  I  S  O  K  K  E  R  I  D
H  A  L  S  K  J  E  D  E  J  R  A  K  E
A  S  S  M  O  T  E  H  X  O  F  K  P  Z
T  H  K  A  B  L  U  S  E  R  W  K  L  W
T  B  A  J  N  Y  Z  M  H  T  C  C  G  K
X  U  K  N  Ø  D  I  U  B  E  L  T  E  W
S  K  O  U  S  R  A  R  M  B  Å  N  D  W
S  S  W  T  K  K  T  L  F  O  R  K  L  E
G  E  N  S  E  R  E  K  E  T  X  N  B  K
W  E  S  O  B  P  N  R  U  R  F  Z  D  B
K  J  O  L  E  F  M  H  H  T  W  U  T  B
```

ARMBÅND	PYJAMAS
BLUSE	BELTE
BUKSE	SKJØRT
HANSKER	SANDALER
HATT	SKO
FRAKK	FORKLE
JAKKE	SKJORTE
KJOLE	SKJERF
HALSKJEDE	SOKKER
MOTE	GENSER

79 - Vliegtuigen

```
F V A N I H D V A H B P N E
Y M E V V I V E G X B Z A V
Y Y U P A S S A S J E R V E
H E A V S T A M N I N G I N
B Ø S M U O S P D U G R G T
T C Y E B R E N S E L N E Y
O Q P D H I M M E L K S R R
J Z C I E E A W J V O R E F
H T G J U T U R B U L E N S
M A N N S K A P G Y M T B S
X C Z L A N D I N G O N N J
K Q I U Z W H L S S T I L N
K Q D F T L F O D F O N Y U
K B K T M H Y T Q V R G J V
```

AVSTAMNING	LUFT
EVENTYR	MOTOR
MANNSKAP	NAVIGERE
BRENSEL	DESIGN
HISTORIE	PASSASJER
HIMMEL	PILOT
HØYDE	RETNING
LANDING	TURBULENS

80 - Herbalisme

```
S G X Q B H V I T L Ø K K G
A R I O L A V E N D E L V I
F Ø E X O G E Y T I M I A N
R N R U M E U S H L I E L G
A N U A S T F C T L C O I R
N O O D T O J F R R T R T E
S L B D S R Y K L L A E E D
I L A R O M A T I S K G T I
T K U L I N A R I S K A O E
I B A S I L I K U M U N R N
P E R S I L L E B R K O U S
M A R J O R A M B H Y T M F
R O R O S M A R I N V P O N
F E N N I K E L I U Y M Y K
```

AROMATISK
BASILIKUM
BLOMST
KULINARISK
DILL
ESTRAGON
GRØNN
INGREDIENS
HVITLØK
KVALITET

LAVENDEL
MARJORAM
OREGANO
PERSILLE
ROSMARIN
SAFRAN
SMAK
TIMIAN
HAGE
FENNIKEL

81 - Piraten

```
E A H I Q O V L C A W O S K
A V L B K O M P A S S A T A
K S E G U L L N H A V R R P
A V G N Y N R U J L E R A T
R E E N T Ø F H R M Z A N E
T R N J S Y A F L A G G D I
Q D D Q R A R C R N N R F N
T G E R O M E O D N F K K B
P A P E G Ø Y E L S Y Q E Y
S H D Å R L I G H K A K J R
N C Y B A O Z O U A N T N I
D B U C Z C C A L P A C K I
O Y F T V C K Q E S K A T T
Y B L A F U S N H A V H O D
```

ANKER	LEGENDE
EVENTYR	ARR
MANNSKAP	HAV
ØY	PAPEGØYE
FARE	ROM
GULL	SKATT
HULE	DÅRLIG
KART	STRAND
KAPTEIN	FLAGG
KOMPASS	SVERD

82 - Om in te Vullen

```
E K K L R V H K F K F I S X
D O O O Ø A W Z K R Q S K K
M N F M R S J G O U D F I R
G V F M T E D I N K I O S H
F O E E X F G F C K T E I H
A L R L I U L L G E Q N Q O
T U T W U F K A S S E S K E
K T H F P L E H S L R K A S
B T N M A P P E M K N U R S
B R Z I H Y A V S M E F T E
Ø X E H G K K J A C I F O C
T L I T Z U K B A S S E N G
T Z R R T R E Y C L Q O G H
E K T J H V C Y X E G X J V
```

BASSENG	KASSE
RØR	SKUFF
BRETT	KURV
ESKE	MAPPE
BØTTE	PAKKE
KONVOLUTT	KRUKKE
FLASKE	VASE
KARTONG	FAT
KOFFERT	LOMME

83 - Surfen

```
P S Y B Q K B C R E V N G A
Y A D B B K R Y Z N Æ J Z S
B T D Ø B U J G Y R R A Z W
U L U L P O P U L Æ R Z F E
C E Y G E S K U M Z Z Z H W
E T D E U O T Y N O M H A V
M K N Y B E G Y N N E R S H
D F S M O R O P R H S A T Q
V X T T T B Q S J K T P I R
K T I U R O R T C S E I G G
Q W L F V E X R K Z R A H I
V S R G R M M A G E Z U E A
F O L K E M E N G D E R T N
U M T V L K O D F T L C K Z
```

ATLET	PADLE
NYBEGYNNER	MORO
EKSTREM	POPULÆR
BØLGE	REV
MESTER	SKUM
STYRKE	HASTIGHET
MAGE	STIL
FOLKEMENGDER	STRAND
HAV	VÆR

84 - Rijden

```
F  G  G  G  Z  V  U  B  B  L  L  D  C  L
C  A  S  A  R  E  L  B  R  E  M  S  E  R
B  R  R  T  S  I  Y  W  E  V  O  B  L  O
G  A  O  E  U  S  K  N  N  S  T  I  I  K
T  S  G  Y  P  E  K  Z  S  H  O  L  S  M
H  J  W  L  Y  H  E  N  E  T  R  R  E  G
A  E  U  T  X  U  P  O  L  I  T  I  N  A
S  F  O  T  G  J  E  N  G  E  R  K  S  A
T  R  A  F  I  K  K  V  J  Z  S  G  T  C
I  V  B  H  X  L  A  S  T  E  B  I  L  Z
G  D  S  I  K  K  E  R  H  E  T  Q  M  R
H  F  J  P  M  X  L  E  T  U  N  N  E  L
E  M  O  T  O  R  S  Y  K  K  E  L  F  K
T  C  A  W  L  H  J  A  A  N  L  S  M  N
```

BIL	POLITI
BRENSEL	BREMSER
GARASJE	HASTIGHET
GASS	GATE
FARE	TUNNEL
KART	SIKKERHET
LISENS	TRAFIKK
MOTOR	FOTGJENGER
MOTORSYKKEL	LASTEBIL
ULYKKE	VEI

85 - Wetenschap

```
E  V  O  L  U  S  J  O  N  F  E  M  L  M
E  Z  H  K  Q  O  I  X  M  Z  R  I  A  E
Y  U  O  J  Q  R  L  O  L  F  H  N  B  T
O  B  S  E  R  V  A  S  J  O  N  E  O  O
I  N  L  M  K  L  I  M  A  S  O  R  R  D
F  Y  D  I  O  S  A  L  F  S  E  A  A  E
S  I  R  S  Y  F  P  D  F  I  O  L  T  D
C  W  S  K  A  V  N  E  O  L  H  E  O  X
M  O  L  E  K  Y  L  E  R  T  G  R  R  N
N  F  J  L  Z  R  F  Y  S  I  K  K  I  A
F  A  K  T  U  M  Q  F  K  C  M  Q  U  T
K  E  T  D  A  T  A  R  E  Q  B  E  M  O
N  C  M  U  F  C  K  Y  R  T  A  T  N  M
C  I  J  F  R  H  Y  P  O  T  E  S  E  T
```

ATOM	LABORATORIUM
KJEMISK	METODE
EVOLUSJON	MINERALER
EKSPERIMENT	MOLEKYLER
FAKTUM	NATUR
FOSSILT	FYSIKK
DATA	OBSERVASJON
HYPOTESE	FORSKER
KLIMA	

86 - Badkamer

```
H  T  L  B  X  C  K  H  N  Z  V  V  S  F
N  Å  B  O  B  L  E  R  S  Å  P  E  A  G
V  A  N  N  A  T  H  F  P  U  I  L  K  K
I  H  C  D  D  H  E  C  E  D  R  W  S  R
Y  K  O  W  K  R  A  N  I  D  L  B  V  V
C  A  P  T  N  L  M  U  L  U  O  H  A  C
R  N  P  T  Y  Z  E  P  A  R  F  Y  M  E
I  R  G  A  T  J  W  Z  Z  O  K  P  P  D
B  R  F  Y  O  Z  F  X  F  O  K  R  T  I
Z  U  H  D  A  A  V  D  S  T  D  Z  E  X
A  N  E  C  L  I  R  K  U  D  A  M  P  M
G  I  L  Z  E  E  T  M  X  S  R  H  P  J
G  D  T  X  T  A  H  B  S  C  J  Z  E  U
G  L  Y  F  T  S  J  A  M  P  O  J  G  E
```

BAD	SJAMPO
BOBLER	SPEIL
DUSJ	SVAMP
HÅNDKLE	DAMP
KRAN	TEPPE
KREM	VANN
PARFYME	TOALETT
SAKS	SÅPE

87 - Hulpmiddelen

```
D Q U P J H S T I G E V S R
S A K S X A T M X C K F E G
B T E A W M I I H S K R U E
A A A P E M F B E J A N V K
S U L N Y E T A R U B Q I K
E P A V G R E R S M E F G V
D X A H Z D M B K X L E Ø R
V X I D Q Y A E E F I T K V
E D S D E D S R R L M S S T
Z L V G Y K K H J U L T K R
Z Y C B I D I Ø E H G I A N
W V D W X C N V W A J F B U
K X Q L O M M E L Y K T J D
P P H N N T H L V K S X Z L
```

ØKS
LOMMELYKT
HAMMER
HERSKER
KABEL
STIGE
LIM
KNIV
STIFT

STIFTEMASKIN
SAKS
BARBERHØVEL
SPADE
SKRUE
TANG
TAU
HJUL

88 - Speelgoed

```
Q U W L G C G D U U S M H D
B A L L S Y K K E L J P Å Q
D F L Y W F J N C R A U N L
R U P I Q T A R Q C K S D E
A Z K V G Q E N V N K L V I
G N J K S I T J T O G E E R
E B Å T E K Z R J A W S R E
S P I L L B Ø K E R S P K O
Y V G Z Z I F A V O R I T T
F M C S J L E U P B I L N R
T R O M M E R K A O L L D S
X I T G L M L A S T E B I L
H N G O K I O K T D C R M Z
Z Y F S M A L I N G J Y Z R
```

HÅNDVERK	DUKKE
BIL	PUSLESPILL
BALL	ROBOT
BØKER	SJAKK
BÅT	TOG
TROMMER	FANTASI
FAVORITT	MALING
SYKKEL	DRAGE
SPILL	FLY
LEIRE	LASTEBIL

89 - Muziekinstrumenten

```
Q  F  W  S  P  E  R  K  U  S  J  O  N  K
T  I  W  S  A  M  U  N  N  S  P  I  L  L
R  O  E  H  V  K  F  Z  A  P  E  C  K  W
O  L  O  N  R  S  S  L  U  V  R  E  L  Y
M  I  S  F  C  N  M  O  Ø  A  Q  L  A  W
P  N  S  U  C  D  A  V  F  Y  N  L  R  T
E  H  J  Z  X  G  R  Q  H  O  T  O  I  I
T  A  M  B  U  R  I  N  I  Z  N  E  N  V
T  R  O  M  M  E  M  T  F  J  I  G  E  U
P  P  X  U  T  Q  B  B  A  N  J  O  T  O
R  E  T  E  M  G  A  Y  G  R  F  N  T  B
T  R  O  M  B  O  N  E  O  S  P  G  D  O
M  A  N  D  O  L  I  N  T  P  I  A  N  O
F  V  J  J  K  L  F  S  T  D  L  Q  O  M
```

BANJO	MARIMBA
CELLO	MUNNSPILL
FAGOTT	PERKUSJON
FLØYTE	PIANO
GITAR	SAKSOFON
GONG	TAMBURIN
HARPE	TROMBONE
OBO	TROMME
KLARINETT	TROMPET
MANDOLIN	FIOLIN

90 - Activiteiten en Vrije Ti

```
V O X D F O T B A L L Q J F
H O H E Y F O T T U R E R I
F O L C R K U A C A G C Z S
B V J L Z I K D A N A B H K
O M W O E N P I M O V A A E
N D M J G Y M P N A S S G S
B T U Q O C B C Q G L K E U
O F X B L I A A J R A E A R
K P G N F J S M L B P T R F
S K U N S T E P J L P B B I
I U P U T U B I Z L E A E N
N W Q T K L A N U U N L I G
G F W F F G L G Z B D L D M
T E N N I S L X I R E I S E
```

BASKETBALL
BOKSING
DYKKING
GOLF
FISKE
BASEBALL
CAMPING
KUNST
AVSLAPPENDE

REISE
MALERI
SURFING
TENNIS
HAGEARBEID
FOTBALL
VOLLEYBALL
FOTTURER

91 - Water

```
F  R  O  S  T  C  E  M  N  G  T  F  W  E
Z  U  R  Z  O  F  L  O  M  Y  M  O  W  O
S  C  I  E  Z  U  L  N  S  N  Ø  R  G  D
E  K  N  K  R  K  H  S  J  P  T  D  E  H
J  Q  N  Y  V  T  D  U  S  J  I  A  Y  T
V  V  S  R  O  I  A  N  P  L  F  M  S  N
B  I  J  M  R  G  M  Y  P  Z  R  P  I  R
Q  Ø  Ø  G  K  I  P  Z  U  W  P  N  R  S
N  B  L  K  A  N  A  L  H  G  L  I  E  B
Z  I  Q  G  N  A  T  Y  L  G  K  N  G  U
F  W  Z  Y  E  X  U  F  V  Q  Q  G  N  L
F  N  U  H  L  R  X  R  I  J  J  H  Z  X
A  X  G  A  V  V  A  N  N  I  N  G  W  R
Y  C  T  V  F  U  K  T  I  G  H  E  T  Y
```

DUSJ
GEYSIR
BØLGER
IS
VANNING
KANAL
INNSJØ
MONSUN
HAV
ORKAN

FLOM
REGN
ELV
SNØ
DAMP
FORDAMPNING
FUKTIGHET
FUKTIG
FROST

92 - Schaken

```
M O T S T A N D E R G K S Y
D S P I L L H B B C S O P X
R U S V A R T V S F P N I L
O T T U R N E R I N G K L N
N F A X D A X V V T F U L X
N O F M S I P G M I X R E Y
I R W E T W A U J D O R R I
N D F S R R S G H M H A U A
G R U T A L S N O H H N X P
J I N E T H I S M N R S D E
O N M R E Z V T X Y A E O C
J G T Y G P O E N G H L O V
X E O R I K O N G E C X G S
C R E G L E R G X G F K F D
```

DIAGONAL	SPILLER
MESTER	STRATEGI
KONGE	MOTSTANDER
DRONNING	TID
OFFER	TURNERING
PASSIV	UTFORDRINGER
POENG	KONKURRANSE
REGLER	HVIT
SPILL	SVART

93 - Boerderij #1

```
K G R K R Å K E H E S T C J
Y Q J U I O A K O Y E V X L
L W V Ø S S T J N N A Y V G
L A T S D X T C N E S E L X
I G N N O S E K I K W V X K
N E A D K I E G N W U T L A
G I L G B I E L G V A N N L
S T V J F R Z Y M R F R Ø V
N Q R E M E U F L O K K F A
G Q P R D W L K P P F I I X
H U N D R T V T D B W A K K
Ø J R E A U P T T M Q E F O
Y S Q L V J Q A G J K D R M
H O T Z B X R E S C Z Q F E
```

BIE	KU
ESEL	KRÅKE
GEIT	FLOKK
GJERDE	LANDBRUK
HUND	GJØDSEL
HONNING	HEST
HØY	RIS
KALV	FELT
KATT	VANN
KYLLING	FRØ

94 - Huis

```
C F G D K J E G L O F T K M
N F E R X B I K J A A X O P
K Y E G A J G J E E M H S L
J S K O R S T E I N R P T R
E P J P E I S D Ø R L D E A
L E Ø Q O M P W U H E K E B
L I K M Ø B L E R S M B S I
E L K L U A A C S O J D O B
R V E G G A R A S J E T V L
Q J N L T E P P E V Q S E I
L I M H A G E S U R O M R O
B Z Z E K S E N Y T S B O T
M D S U C U G D L J T P M E
J E C D R U N N Z H S A B K
```

KOST	KJØKKEN
BIBLIOTEK	LAMPE
TAK	MØBLER
DØR	VEGG
DUSJ	SKORSTEIN
GARASJE	SOVEROM
PEIS	SPEIL
GJERDE	TEPPE
ROM	HAGE
KJELLER	LOFT

95 - Kleuren

```
Y D N P M U P I S J X X F L
M A G E N T A S E P I A U T
X K R D H F A C S S R O C K
V T Ø S V Z U A O D E Q H E
W S N N I N D I G O V O S R
A J N D T R I E N R R B I Z
M J Y M M T O L M A Å I A L
B E I G E J E S Y N J V N G
R L I L L A C V A S B T W E
U Q Å S I D L A E J Z Z O G
N T C J O Z O R Z E R Ø D U
F I P M C D X T E E A P U L
J I U F W K X M V U R R N V
Z O Z A K C B H L C Y A N S
```

BEIGE
BLÅ
BRUN
CYAN
FUCHSIA
GUL
GRÅ
GRØNN
INDIGO

MAGENTA
ORANSJE
LILLA
RØD
ROSA
SEPIA
HVIT
SVART

96 - Verjaardag

```
G G G K S H V S Q U G L A D
J A V A A X G A R Q X Y I A
H P Y L Q K N N K Y O S N G
J F W E A F E G Q S A O V X
P S K N S P E S I E L L I I
B L E D P R A Q X P N U T D
J C U E Y K N S O J Q E A Q
F I E R X R I E H I P Q S P
B Ø L E L K F Y Q X C F J M
T M D V I S D O M T M M O Q
K O R T Y W W N N J G N N V
Å R E I S S O U V E N N E R
B O Y D C R M I N N E R R B
R F E I R I N G F G A V E S
```

KAKE	KALENDER
DAG	SANG
FØDT	ELDRE
GLAD	MORO
GAVE	SPESIELL
MINNER	TID
ÅR	INVITASJONER
UNG	FEIRING
LYS	VENNER
KORT	VISDOM

97 - Getallen

```
J C A I G I G D L I A T T I
F R F T T F C F I R T N R H
J E K E C E B Q I T T Y B E
S N M Å E Y T F I R E D V E
F E M T F J O R T E N X A Q
A L O T E B F Z Y T L L V Q
T J U E U N U K V T W V N Y
N I T T E N X E R E D N U Y
R X S Y T T E N N N I M L F
G K O T F P Y K G F M T L G
K C W W X S J V L D A O G W
Y G D C X E Y E O F D L A E
I I L I O K N V X J C V L J
N M G Q D S E K S T E N I V
```

ÅTTE	TO
ATTEN	TJUE
TRETTEN	FJORTEN
TRE	FIRE
EN	FEM
NI	FEMTEN
NITTEN	SEKS
NULL	SEKSTEN
TI	SYV
TOLV	SYTTEN

98 - Boerderij #2

```
D  H  E  E  H  Z  C  N  W  H  F  L  E  K
Y  V  K  S  K  B  Y  G  G  H  Y  R  D  E
R  E  K  M  E  L  K  F  R  U  K  T  S  T
J  T  B  O  B  U  N  U  M  Y  M  U  D  R
E  E  Q  X  R  X  B  O  N  D  E  P  D  A
M  N  A  N  D  N  S  O  R  O  U  K  F  K
O  K  G  L  A  M  A  P  Y  D  R  I  N  T
V  P  R  Å  F  R  U  K  T  H  A  G  E  O
X  A  Ø  V  V  I  N  D  M  Ø  L  L  E  R
J  L  N  E  O  N  J  K  L  A  M  R  Z  B
L  H  N  N  Y  T  S  O  P  B  U  P  T  N
J  U  S  B  I  K  U  B  E  T  Z  B  A  Z
U  N  A  I  N  N  V  W  I  C  L  V  D  B
W  U  K  T  G  T  G  X  Z  J  I  E  J  G
```

BIKUBE	LAM
BONDE	LAMA
FRUKTHAGE	KORN
DYR	MELK
AND	SAU
FRUKT	LÅVE
BYGG	HVETE
GRØNNSAK	TRAKTOR
HYRDE	ENG
VANNING	VINDMØLLE

99 - Voeding

```
M E N Æ R I N G S S T O F F
Y B A L A N S E R T P L V O
S Q H C K A K A L O R I E R
K V A L I T E T C P O O K D
P G J Æ R I N G I F T M T Ø
V F J C F I B I T T E R S Y
D I E T T V I T A M I N M E
H E L S E Æ S U N N N M A L
F Q D Q D S U O J W E Q K S
P B M O R K J P A X R D T E
I B N G Q E S P I S E L I G
A L B A B R A P P E T I T T
K A R B O H Y D R A T E R L
S A U S P W L Z T O N U D C
```

BITTER
KALORIER
DIETT
SPISELIG
APPETITT
PROTEINER
BALANSERT
GJÆRING
VEKT
SUNN

HELSE
KARBOHYDRATER
KVALITET
SAUS
SMAK
FORDØYELSE
GIFT
VITAMIN
VÆSKER
NÆRINGSSTOFF

1 - Metingen

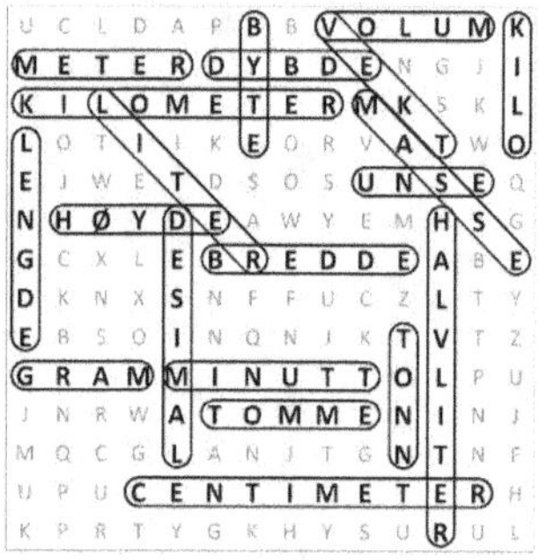

2 - Keuken

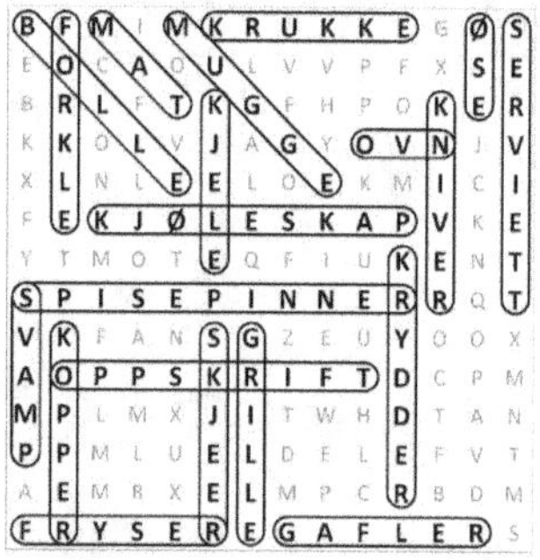

3 - Boten

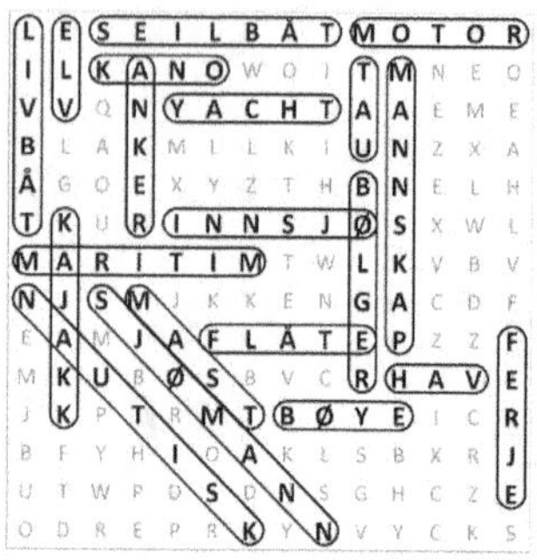

4 - Chocolade

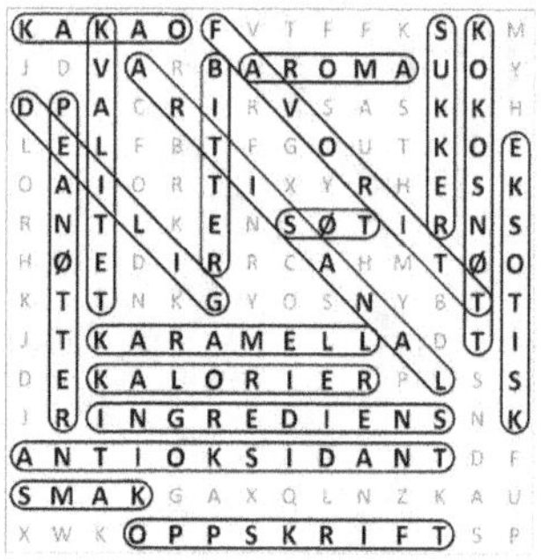

5 - Tijd

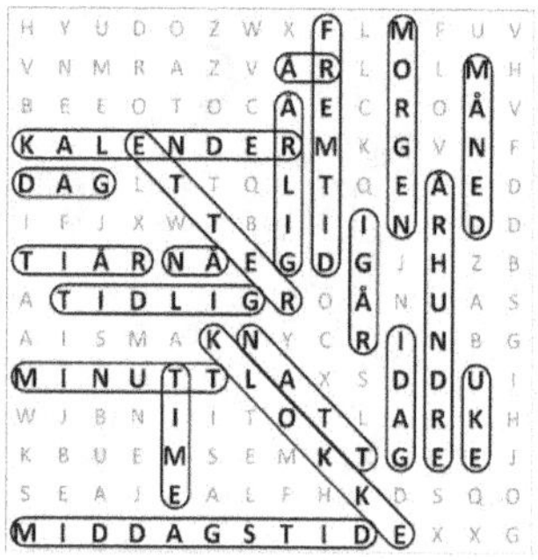

6 - Meditatie

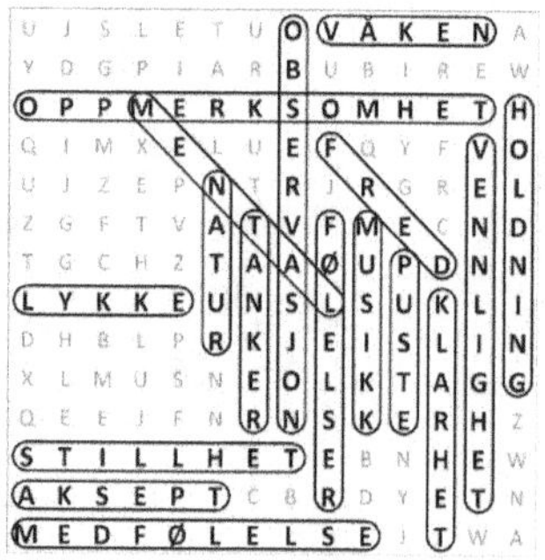

7 - Zomer

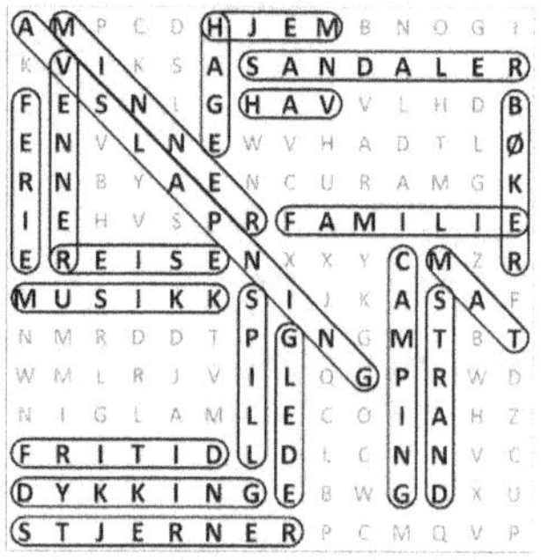

8 - Vogels

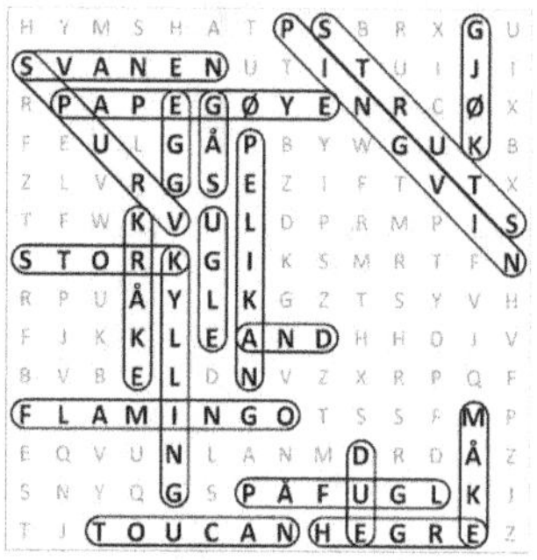

9 - Behoud

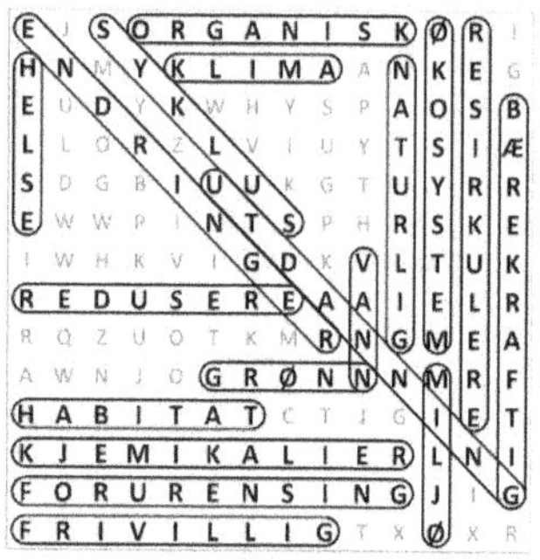

10 - Wiskunde

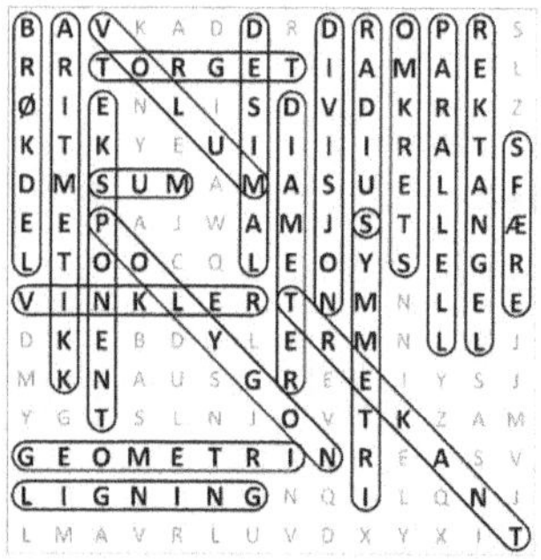

11 - Camping

12 - Activiteiten

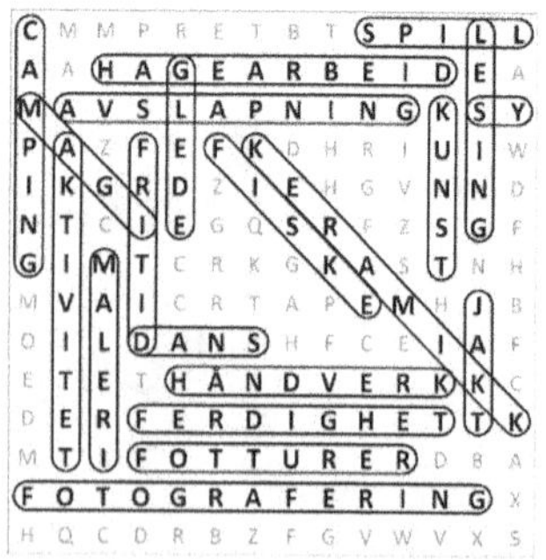

13 - Vormen

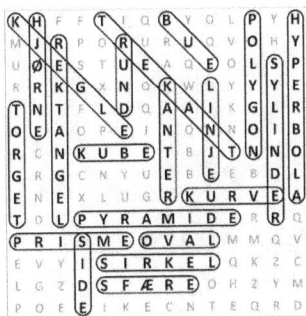

14 - Astronomie

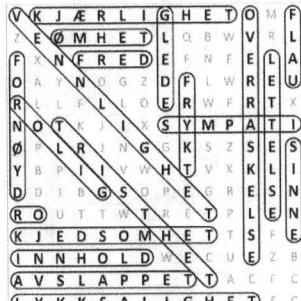

15 - Emoties

16 - Vakantie #2

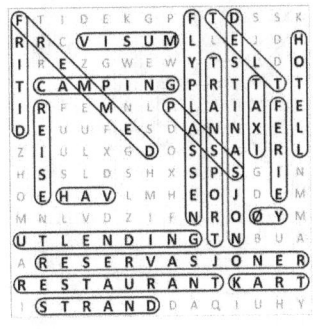

17 - Weersomstandigh

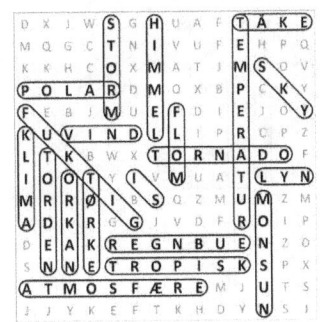

18 - Strand

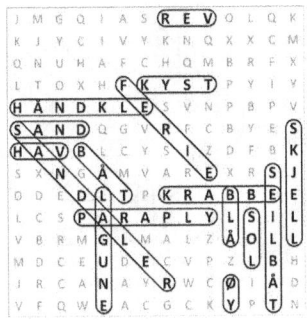

19 - Eten #2

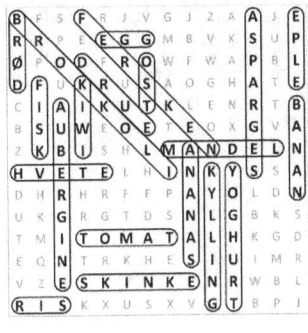

20 - Klimmen

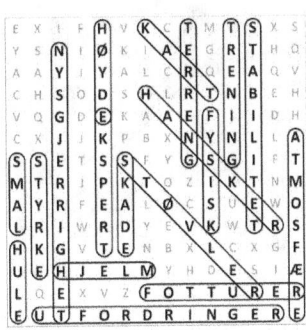

21 - Restaurant #1

22 - Geologie

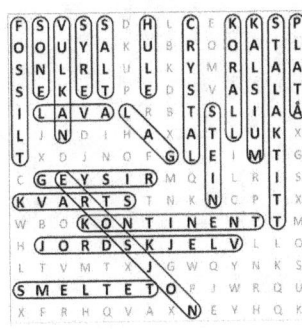

23 - Specerijen

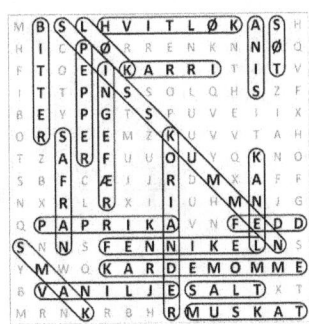

24 - Groenten

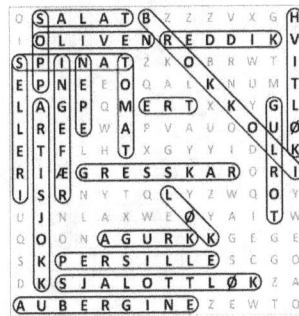

25 - Dans

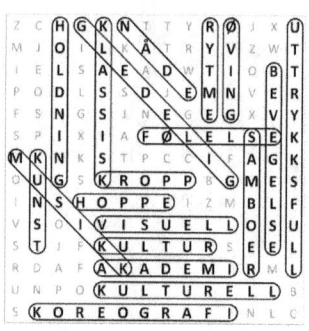

26 - Sport

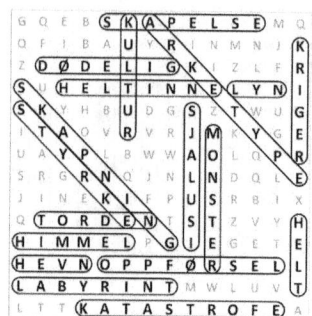

27 - Mythologie

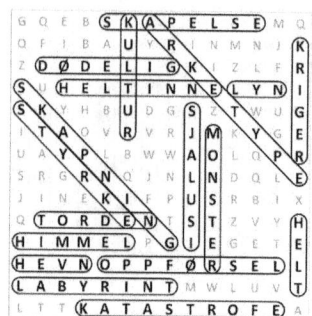

28 - Eten #1

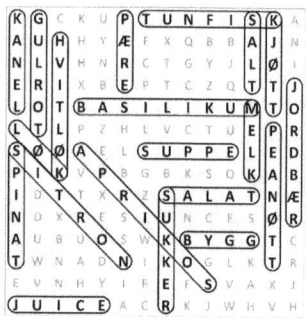

29 - Avontuur

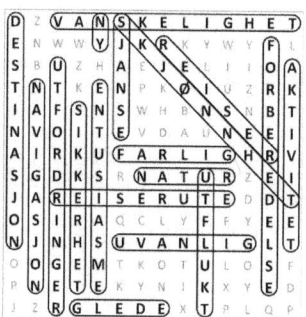

30 - Circus

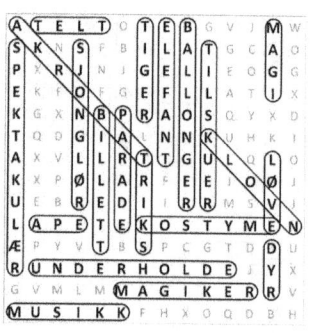

31 - Restaurant #2

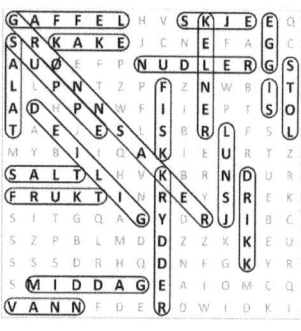

32 - Bijen

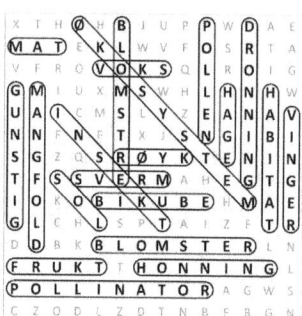

33 - School #1

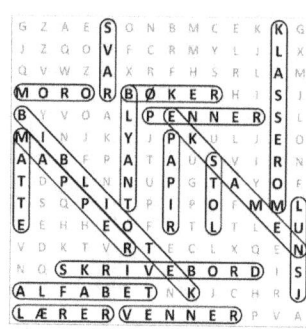

34 - Wandelen

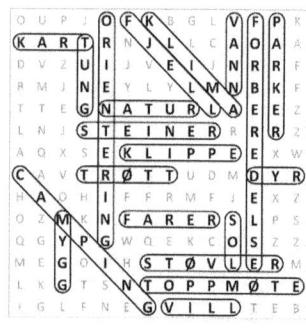

35 - Ecologie

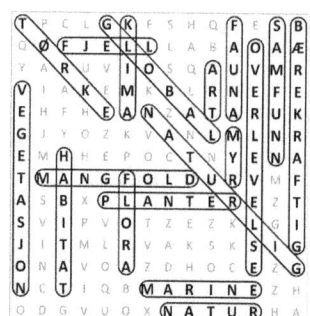

36 - Installaties

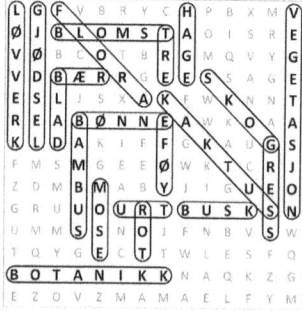

37 - School #2

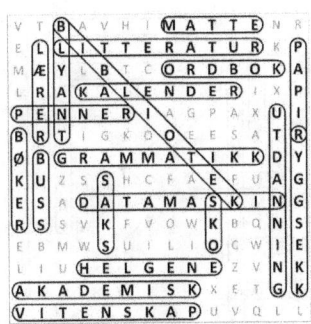

38 - Oceaan

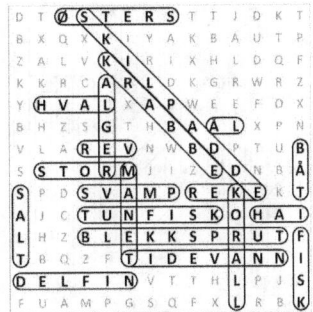

39 - Landen #2

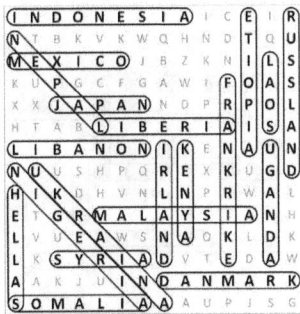

40 - Bloemen

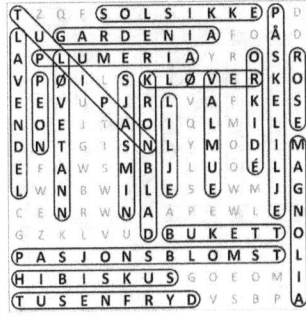

41 - Huisdieren

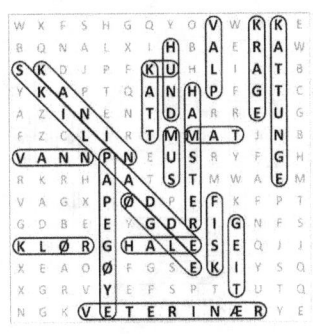

42 - Landschappen

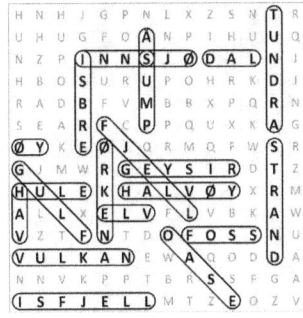

43 - Tuin

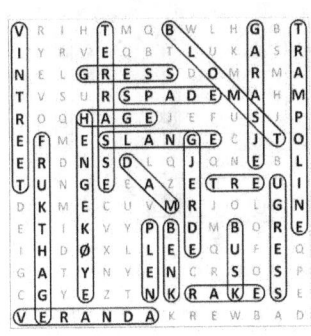

44 - Katten

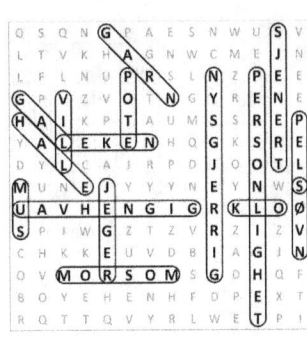

45 - Beroepen #2

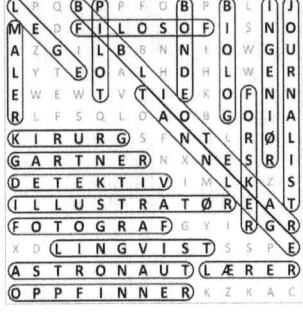

46 - Dagen en Maanden

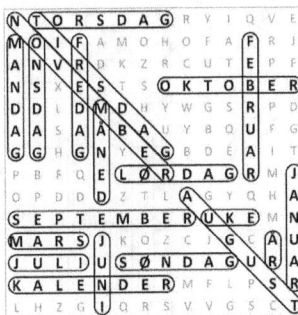

47 - Beeldende Kunsten

48 - Menselijk Lichaam

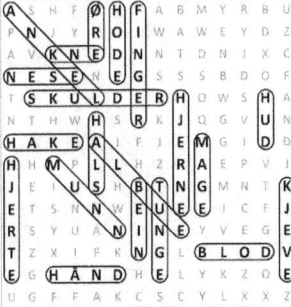

49 - Familie

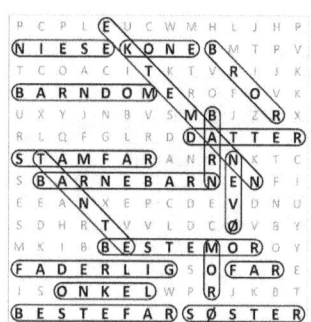

50 - Gebouwen

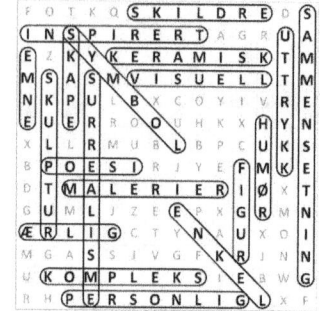

51 - Kunst

52 - Beroepen #1

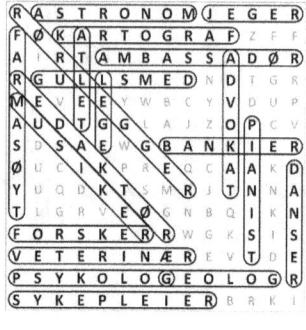

53 - Kastelen

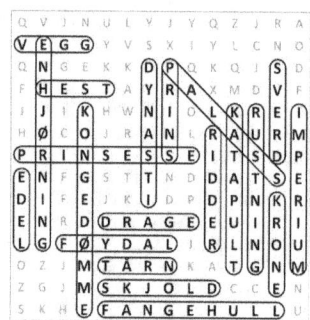

54 - Insecten

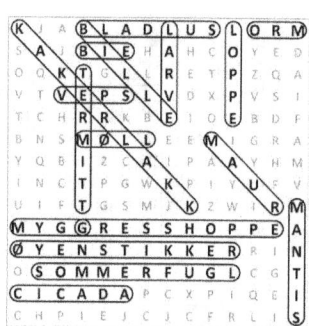

55 - Antarctica

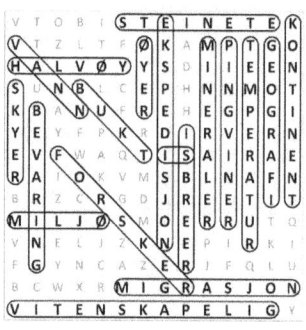

56 - Ballet

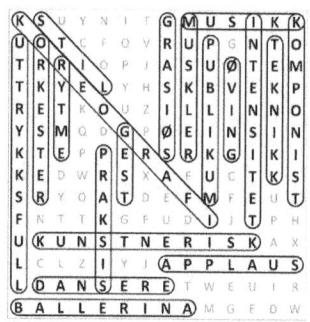

57 - Vissen

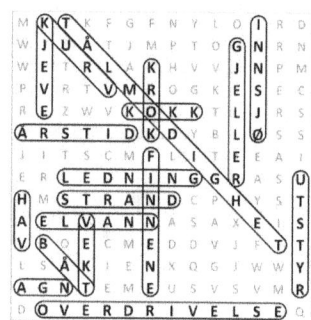

58 - Fruit

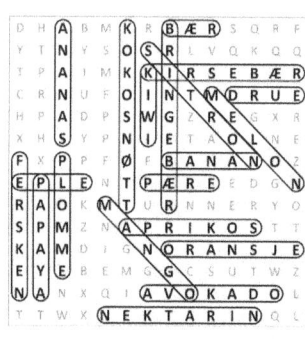

59 - Literatuur

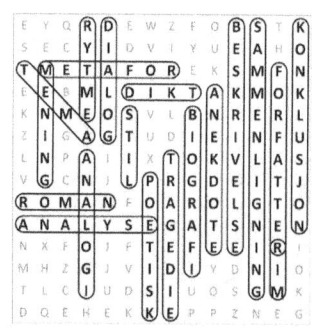

60 - Technologie

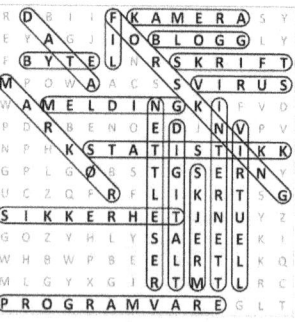

61 - Boeken

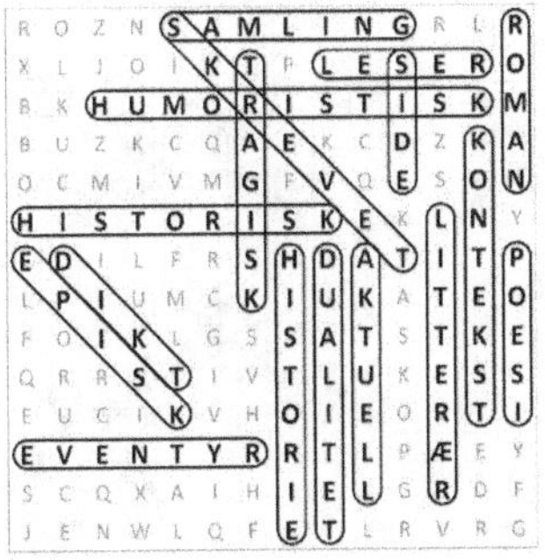

62 - Meer Informatie

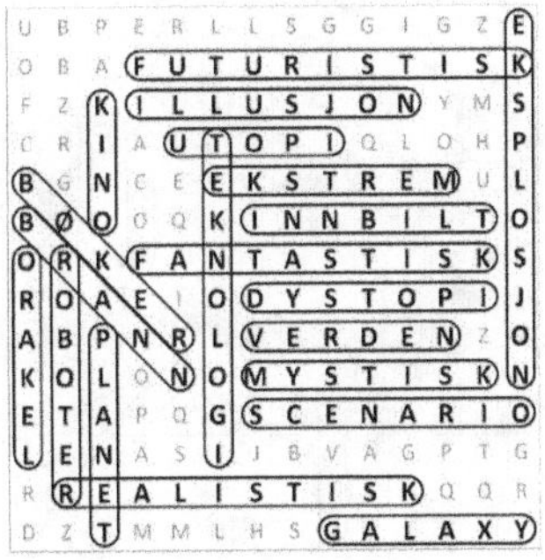

63 - Regenwoud

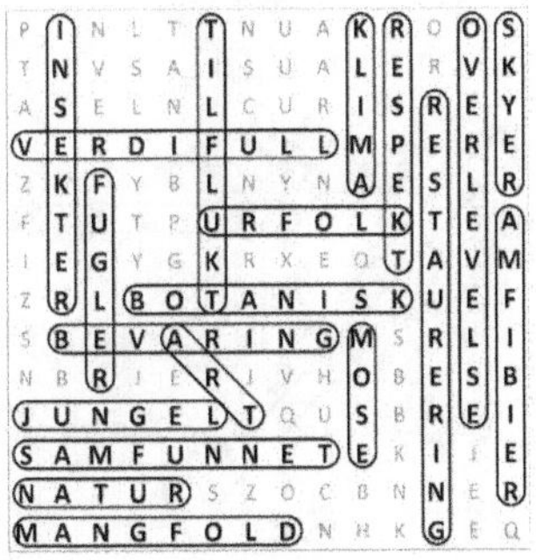

64 - Haartypes

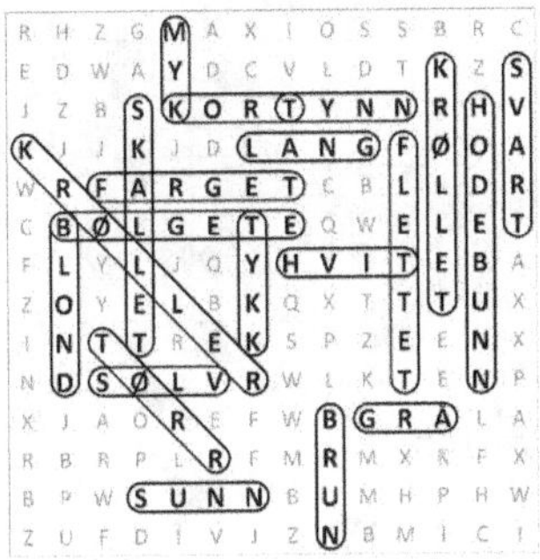

65 - Gereedschap Voor het Kok

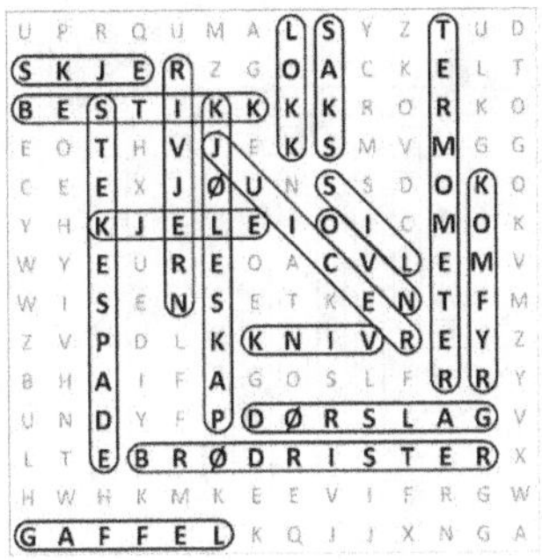

66 - Stad

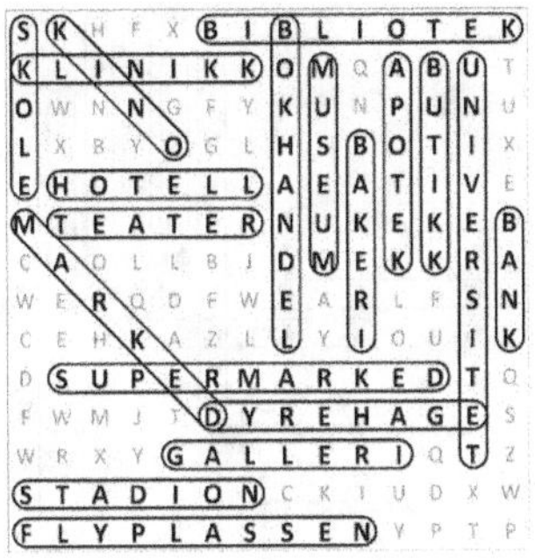

67 - Natuur

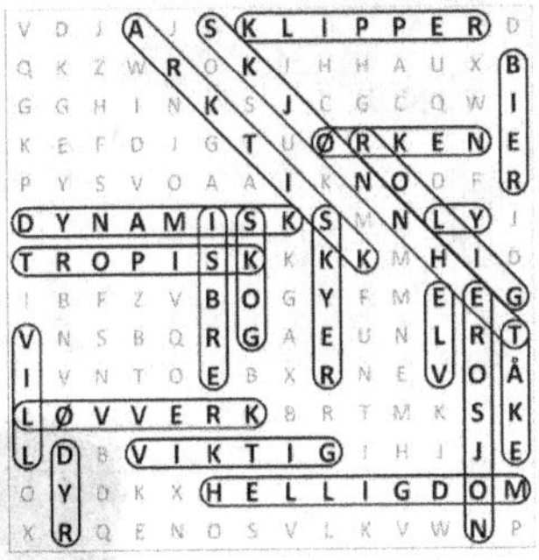

68 - Dinosaurussen

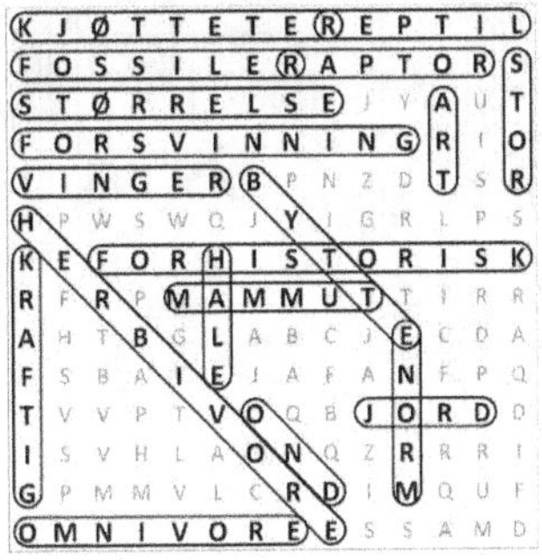

69 - Zoogdieren

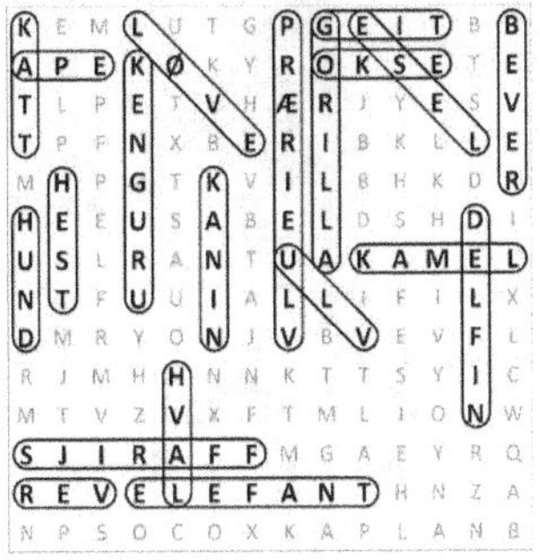

70 - 1 Jaar Geleden

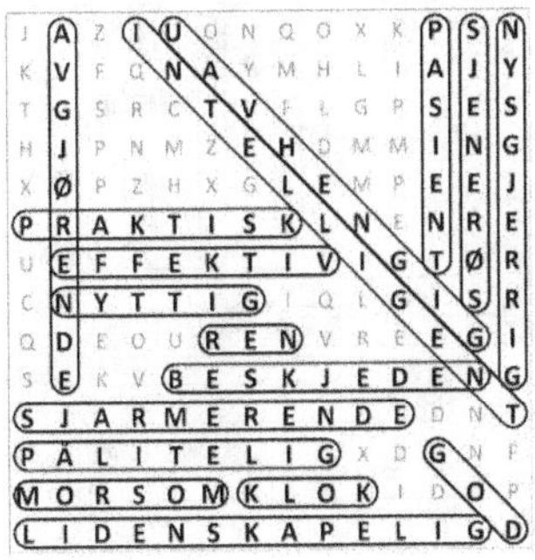

71 - Exploratie

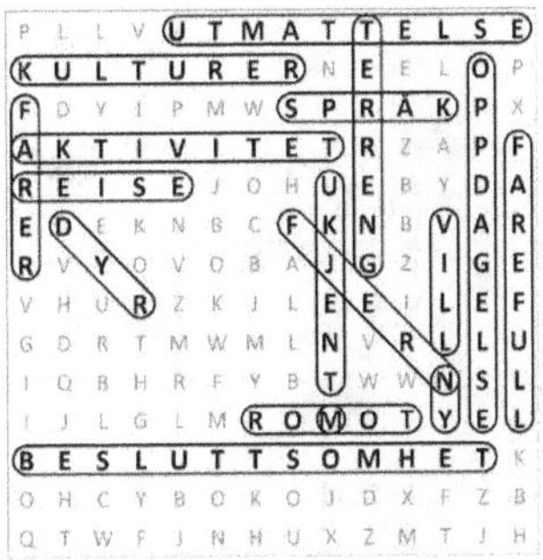

72 - Voertuigen

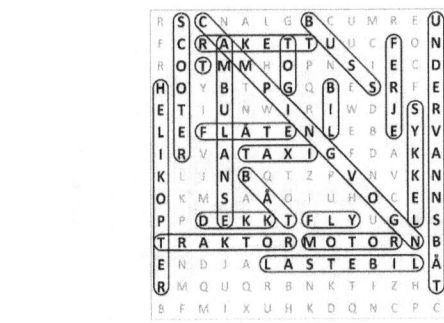

73 - Geografie

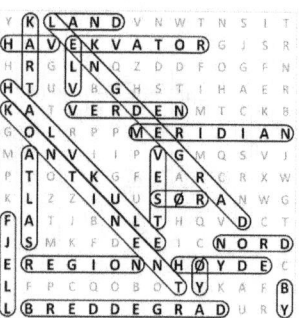

74 - Kunstbenodigdhe

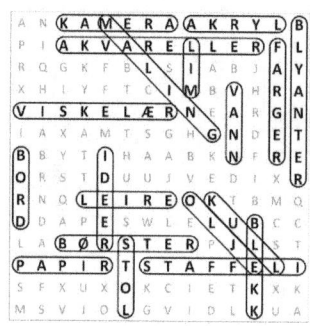

75 - Barbecues

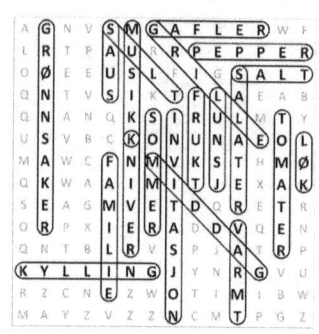

76 - Wetenschappelijk

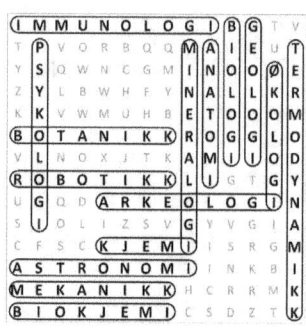

77 - Bijvoeglijke Naamwoorden

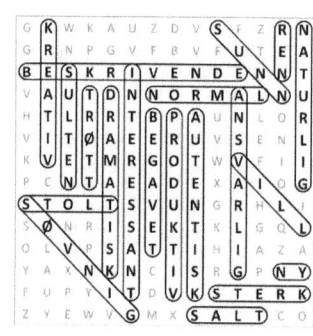

78 - Kleding

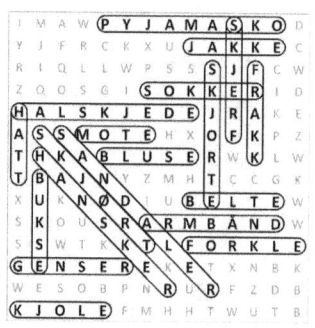

79 - Vliegtuigen

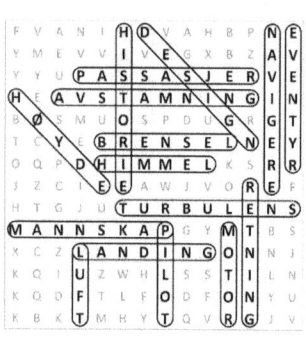

80 - Herbalisme

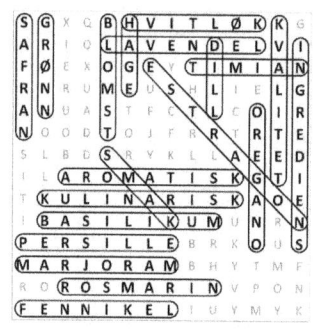

81 - Piraten

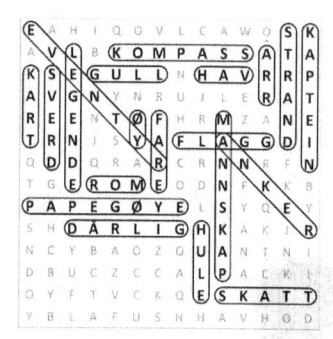

82 - Om in te Vullen

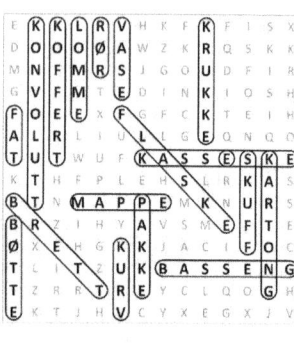

83 - Surfen

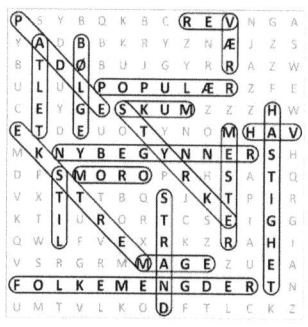

84 - Rijden

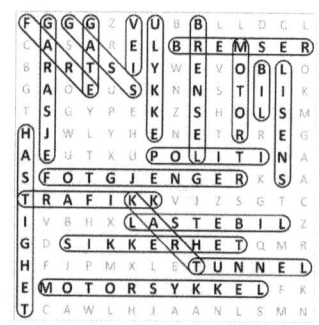

85 - Wetenschap

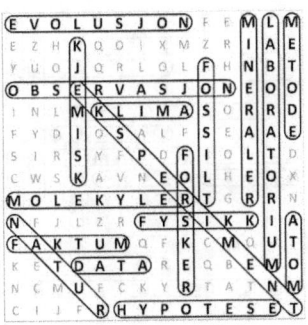

86 - Badkamer

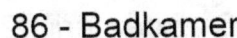

87 - Hulpmiddelen

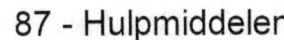
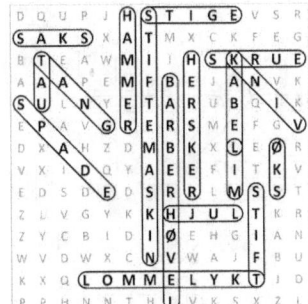

88 - Speelgoed

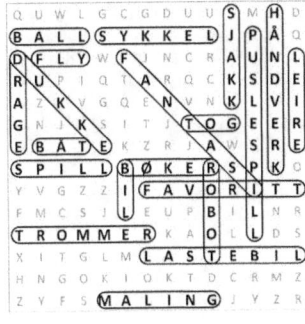

89 - Muziekinstrument

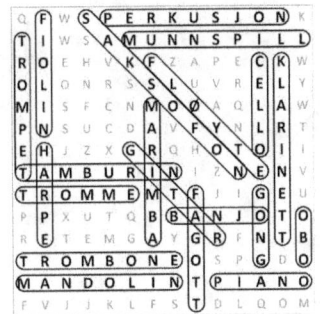

90 - Activiteiten en Vrije Ti

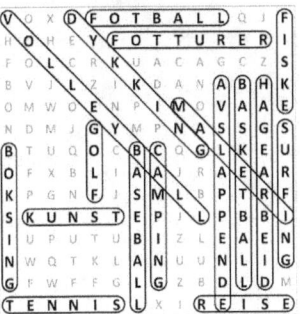

91 - Water

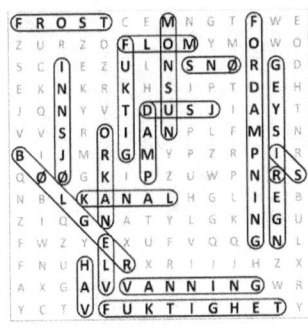

92 - Schaken

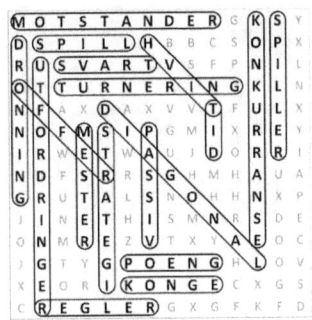

93 - Boerderij #1

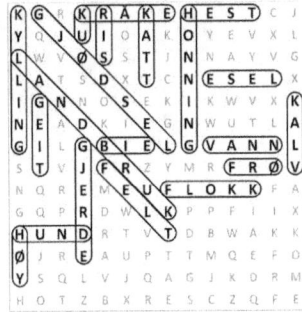

94 - Huis

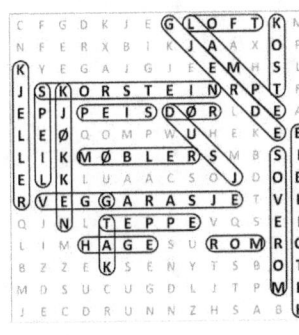

95 - Kleuren

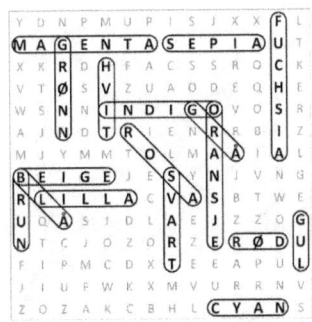

96 - Verjaardag

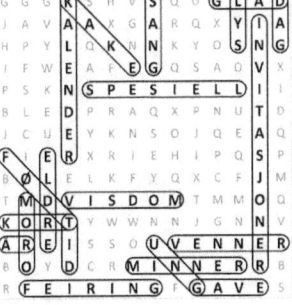

97 - Getallen

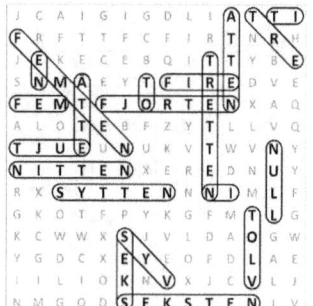

98 - Boerderij #2

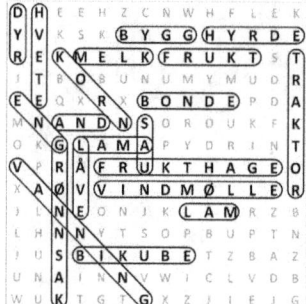

99 - Voeding

Woordenboek

1 Jaar Geleden
Dyder # 1

Artistiek	Kunstnerisk
Behulpzaam	Nyttig
Bescheiden	Beskjeden
Beslissend	Avgjørende
Betrouwbaar	Pålitelig
Charmant	Sjarmerende
Efficiënt	Effektiv
Gepassioneerd	Lidenskapelig
Goed	God
Grappig	Morsom
Gul	Sjenerøs
Intelligent	Intelligent
Nieuwsgierig	Nysgjerrig
Onafhankelijk	Uavhengig
Patiënt	Pasient
Praktisch	Praktisk
Schoon	Ren
Wijs	Klok

Activiteiten
Aktiviteter

Activiteit	Aktivitet
Ambachten	Håndverk
Dansen	Dans
Fotografie	Fotografering
Games	Spill
Hengelsport	Fiske
Jacht	Jakt
Kamperen	Camping
Keramiek	Keramikk
Kunst	Kunst
Lezen	Lesing
Magie	Magi
Naaien	Sy
Ontspanning	Avslapning
Plezier	Glede
Schilderij	Maleri
Tuinieren	Hagearbeid
Vaardigheid	Ferdighet
Vrije Tijd	Fritid
Wandelen	Fotturer

Activiteiten en Vrije Ti
Aktiviteter og Fritid

Basketbal	Basketball
Boksen	Boksing
Duiken	Dykking
Golf	Golf
Hengelsport	Fiske
Honkbal	Baseball
Kamperen	Camping
Kunst	Kunst
Ontspannen	Avslappende
Reis	Reise
Schilderij	Maleri
Surfen	Surfing
Tennis	Tennis
Tuinieren	Hagearbeid
Voetbal	Fotball
Volleybal	Volleyball
Wandelen	Fotturer
Zwemmen	Svømming

Antarctica
Antarktis

Baai	Bukt
Behoud	Bevaring
Continent	Kontinent
Eilanden	Øyer
Expeditie	Ekspedisjon
Geografie	Geografi
Gletsjers	Isbreer
Ijs	Is
Migratie	Migrasjon
Mineralen	Mineraler
Omgeving	Miljø
Onderzoeker	Forsker
Pinguïn	Pingviner
Rotsachtig	Steinete
Schiereiland	Halvøy
Temperatuur	Temperatur
Topografie	Topografi
Water	Vann
Wetenschappelijk	Vitenskapelig
Wolken	Skyer

Astronomie
Astronomi

Aarde	Jord
Asteroïde	Asteroide
Astronaut	Astronaut
Astronoom	Astronom
Equinox	Equinox
Komeet	Komet
Kosmos	Kosmos
Maan	Måne
Meteoor	Meteor
Nevel	Stjernetåke
Observatorium	Observatorium
Planeet	Planet
Raket	Rakett
Satelliet	Satellitt
Ster	Stjerne
Sterrenbeeld	Konstellasjon
Straling	Stråling
Telescoop	Teleskop
Universum	Univers
Zwaartekracht	Tyngdekraft

Avontuur
Eventyr

Activiteit	Aktivitet
Bestemming	Destinasjon
Enthousiasme	Entusiasme
Excursie	Utflukt
Gevaarlijk	Farlig
Kans	Sjanse
Moeilijkheid	Vanskelighet
Natuur	Natur
Navigatie	Navigasjon
Nieuw	Ny
Ongewoon	Uvanlig
Reisplan	Reiserute
Reizen	Reiser
Schoonheid	Skjønnhet
Uitdagingen	Utfordringer
Veiligheid	Sikkerhet
Verrassend	Overraskende
Voorbereiding	Forberedelse
Vreugde	Glede
Vrienden	Venner

Badkamer
Baderom

Bad	Bad
Bellen	Bobler
Douche	Dusj
Handdoek	Håndkle
Kraan	Kran
Lotion	Krem
Parfum	Parfyme
Schaar	Saks
Shampoo	Sjampo
Spiegel	Speil
Spons	Svamp
Stoom	Damp
Tapijt	Teppe
Water	Vann
Wc	Toalett
Zeep	Såpe

Ballet
Ballett

Applaus	Applaus
Artistiek	Kunstnerisk
Ballerina	Ballerina
Choreografie	Koreografi
Componist	Komponist
Dansers	Dansere
Expressief	Uttrykksfull
Gebaar	Gest
Intensiteit	Intensitet
Muziek	Musikk
Orkest	Orkester
Praktijk	Praksis
Publiek	Publikum
Repetitie	Øving
Ritme	Rytme
Sierlijk	Grasiøs
Spieren	Muskler
Stijl	Stil
Techniek	Teknikk
Vaardigheid	Ferdighet

Barbecues
Grilling

Diner	Middag
Familie	Familie
Fruit	Frukt
Grill	Grille
Groente	Grønnsaker
Heet	Varmt
Honger	Sult
Kip	Kylling
Lunch	Lunsj
Messen	Kniver
Muziek	Musikk
Peper	Pepper
Salades	Salater
Saus	Saus
Tomaten	Tomater
Uien	Løk
Uitnodiging	Invitasjon
Vorken	Gafler
Zomer	Sommer
Zout	Salt

Beeldende Kunsten
Bildende Kunst

Architectuur	Arkitektur
Artiest	Artist
Beeldhouwwerk	Skulptur
Creativiteit	Kreativitet
Ezel	Staffeli
Film	Film
Houtskool	Kull
Keramiek	Keramikk
Klei	Leire
Krijt	Kritt
Meesterwerk	Mesterverk
Pen	Penn
Perspectief	Perspektiv
Portret	Portrett
Potlood	Blyant
Samenstelling	Sammensetning
Schilderij	Maleri
Stencil	Sjablong
Vernis	Lakk
Was	Voks

Behoud
Bevaring

Chemicaliën	Kjemikalier
Duurzaam	Bærekraftig
Ecosysteem	Økosystem
Fiets	Syklus
Gezondheid	Helse
Groen	Grønn
Habitat	Habitat
Klimaat	Klima
Milieu	Miljø
Natuurlijk	Naturlig
Onderwijs	Utdanning
Organisch	Organisk
Recycleren	Resirkulere
Veranderingen	Endringer
Verminderen	Redusere
Vervuiling	Forurensing
Vrijwilliger	Frivillig
Water	Vann
Zorg	Bekymring

Beroepen #1
Yrker # 1

Advocaat	Advokat
Ambassadeur	Ambassadør
Apotheker	Farmasøyt
Astronoom	Astronom
Atleet	Atlet
Bankier	Bankier
Cartograaf	Kartograf
Danser	Danser
Dierenarts	Veterinær
Dokter	Lege
Editor	Redaktør
Geoloog	Geolog
Jager	Jeger
Juwelier	Gullsmed
Loodgieter	Rørlegger
Muzikant	Musiker
Pianist	Pianist
Psycholoog	Psykolog
Verpleegster	Sykepleier
Wetenschapper	Forsker

Beroepen #2
Yrker # 2

Arts	Lege
Astronaut	Astronaut
Bibliothecaris	Bibliotekar
Bioloog	Biolog
Boer	Bonde
Chirurg	Kirurg
Detective	Detektiv
Filosoof	Filosof
Fotograaf	Fotograf
Illustrator	Illustratør
Ingenieur	Ingeniør
Journalist	Journalist
Leraar	Lærer
Linguïst	Lingvist
Onderzoeker	Forsker
Piloot	Pilot
Schilder	Maler
Tandarts	Tannlege
Tuinman	Gartner
Uitvinder	Oppfinner

Bijen
Bier

Bestuiver	Pollinator
Bijenkorf	Bikube
Bloemen	Blomster
Bloesem	Blomstre
Diversiteit	Mangfold
Ecosysteem	Økosystem
Fruit	Frukt
Habitat	Habitat
Honing	Honning
Insect	Insekt
Koningin	Dronning
Rook	Røyk
Stuifmeel	Pollen
Tuin	Hage
Vleugels	Vinger
Voedsel	Mat
Voordelig	Gunstig
Was	Voks
Zon	Sol
Zwerm	Sverm

Bijvoeglijke Naamwoorden
Adjektiver #1

Aantrekkelijk	Attraktiv
Actief	Aktiv
Ambitieus	Ambisiøs
Aromatisch	Aromatisk
Artistiek	Kunstnerisk
Belangrijk	Viktig
Diep	Dyp
Donker	Mørk
Dun	Tynn
Eerlijk	Ærlig
Exotisch	Eksotisk
Identiek	Identisk
Jong	Ung
Lang	Lang
Langzaam	Langsom
Modern	Moderne
Onschuldig	Uskyldig
Perfect	Perfekt
Waardevol	Verdifull
Zwaar	Tung

Bijvoeglijke Naamwoorden
Adjektiver #2

Authentiek	Autentisk
Begaafd	Begavet
Beschrijvend	Beskrivende
Creatief	Kreativ
Dramatisch	Dramatisk
Gezond	Sunn
Hongerig	Sulten
Interessant	Interessant
Moe	Trøtt
Natuurlijk	Naturlig
Nieuw	Ny
Normaal	Normal
Productief	Produktiv
Slaperig	Søvnig
Sterk	Sterk
Trots	Stolt
Verantwoordelijk	Ansvarlig
Wild	Vill
Zout	Salt
Zuiver	Ren

Bloemen
Blomster

Bloemblad	Kronblad
Boeket	Bukett
Gardenia	Gardenia
Hibiscus	Hibiskus
Jasmijn	Sjasmin
Klaver	Kløver
Lavendel	Lavendel
Lelie	Lilje
Madeliefje	Tusenfryd
Magnolia	Magnolia
Narcis	Påskelilje
Orchidee	Orkidé
Paardebloem	Løvetann
Papaver	Valmue
Passiebloem	Pasjonsblomst
Pioenroos	Peon
Plumeria	Plumeria
Roos	Rose
Tulp	Tulipan
Zonnebloem	Solsikke

Boeken
Reserve

Auteur	Forfatter
Avontuur	Eventyr
Bladzijde	Side
Collectie	Samling
Context	Kontekst
Dualiteit	Dualitet
Episch	Episk
Gedicht	Dikt
Geschreven	Skrevet
Historisch	Historisk
Humoristisch	Humoristisk
Inventief	Oppfinnsom
Lezer	Leser
Literair	Litterær
Poëzie	Poesi
Relevant	Aktuell
Roman	Roman
Tragisch	Tragisk
Verhaal	Historie
Verteller	Forteller

Boerderij #1
Gården #1

Bij	Bie
Ezel	Esel
Geit	Geit
Hek	Gjerde
Hond	Hund
Honing	Honning
Hooi	Høy
Kalf	Kalv
Kat	Katt
Kip	Kylling
Koe	Ku
Kraai	Kråke
Kudde	Flokk
Landbouw	Landbruk
Mest	Gjødsel
Paard	Hest
Rijst	Ris
Veld	Felt
Water	Vann
Zaden	Frø

Boerderij #2
Gården #2

Bijenkorf	Bikube
Boer	Bonde
Boomgaard	Frukthage
Dieren	Dyr
Eend	And
Fruit	Frukt
Gerst	Bygg
Groente	Grønnsak
Herder	Hyrde
Irrigatie	Vanning
Lam	Lam
Lama	Lama
Maïs	Korn
Melk	Melk
Schaap	Sau
Schuur	Låve
Tarwe	Hvete
Tractor	Traktor
Weide	Eng
Windmolen	Vindmølle

Boten
Båter

Anker	Anker
Bemanning	Mannskap
Boei	Bøye
Golven	Bølger
Jacht	Yacht
Kajak	Kajakk
Kano	Kano
Maritiem	Maritim
Mast	Mast
Matroos	Sjømann
Meer	Innsjø
Motor	Motor
Nautisch	Nautisk
Reddingsboot	Livbåt
Rivier	Elv
Touw	Tau
Veerboot	Ferje
Vlot	Flåte
Zee	Hav
Zeilboot	Seilbåt

Camping
Camping

Avontuur	Eventyr
Berg	Fjell
Bomen	Trær
Bos	Skog
Brand	Brann
Cabine	Hytte
Dieren	Dyr
Hangmat	Hengekøye
Hoed	Hatt
Insect	Insekt
Jacht	Jakt
Kaart	Kart
Kano	Kano
Kompas	Kompass
Maan	Måne
Meer	Innsjø
Natuur	Natur
Tent	Telt
Touw	Tau
Verhalen	Historier

Chocolade
Sjokolade

Antioxidant	Antioksidant
Aroma	Aroma
Artisanaal	Artisanal
Bitter	Bitter
Cacao	Kakao
Calorieën	Kalorier
Exotisch	Eksotisk
Favoriet	Favoritt
Heerlijk	Deilig
Ingrediënt	Ingrediens
Karamel	Karamell
Kokosnoot	Kokosnøtt
Kwaliteit	Kvalitet
Pinda'S	Peanøtter
Recept	Oppskrift
Smaak	Smak
Suiker	Sukker
Zoet	Søt

Circus
Sirkus

Aap	Ape
Acrobaat	Akrobat
Ballonnen	Ballonger
Clown	Klovn
Dieren	Dyr
Goochelaar	Magiker
Jongleur	Sjonglør
Kaartje	Billett
Kostuum	Kostyme
Leeuw	Løve
Magie	Magi
Muziek	Musikk
Olifant	Elefant
Parade	Parade
Spectaculair	Spektakulær
Tent	Telt
Tijger	Tiger
Toeschouwer	Tilskuer
Truc	Triks
Vermaken	Underholde

Dagen en Maanden
Dager og Måneder

Augustus	August
Dinsdag	Tirsdag
Donderdag	Torsdag
Februari	Februar
Jaar	År
Januari	Januar
Juli	Juli
Juni	Juni
Kalender	Kalender
Maand	Måned
Maandag	Mandag
Maart	Mars
November	November
Oktober	Oktober
September	September
Vrijdag	Fredag
Week	Uke
Woensdag	Onsdag
Zaterdag	Lørdag
Zondag	Søndag

Dans
Danse

Academie	Akademi
Beweging	Bevegelse
Blij	Gledelig
Choreografie	Koreografi
Cultureel	Kulturell
Cultuur	Kultur
Emotie	Følelse
Expressief	Uttrykksfull
Genade	Nåde
Houding	Holdning
Klassiek	Klassisk
Kunst	Kunst
Lichaam	Kropp
Muziek	Musikk
Partner	Samboer
Repetitie	Øving
Ritme	Rytme
Springen	Hoppe
Traditioneel	Tradisjonell
Visueel	Visuell

Dinosaurussen
Dinosaurer

Aarde	Jord
Carnivoor	Kjøtteter
Enorm	Enorm
Evolutie	Evolusjon
Fossielen	Fossiler
Groot	Stor
Grootte	Størrelse
Herbivoor	Herbivore
Krachtig	Kraftig
Mammoet	Mammut
Omnivoor	Omnivore
Prehistorisch	Forhistorisk
Prooi	Bytte
Reptiel	Reptil
Roofvogel	Raptor
Soort	Art
Staart	Hale
Verdwijning	Forsvinning
Vicieuze	Ond
Vleugels	Vinger

Ecologie
Økologi

Bergen	Fjell
Diversiteit	Mangfold
Droogte	Tørke
Duurzaam	Bærekraftig
Fauna	Fauna
Flora	Flora
Gemeenschappen	Samfunn
Globaal	Global
Habitat	Habitat
Klimaat	Klima
Marinier	Marine
Moeras	Myr
Natuur	Natur
Natuurlijk	Naturlig
Overleving	Overlevelse
Planten	Planter
Soort	Art
Vegetatie	Vegetasjon
Vrijwilligers	Frivillige

Emoties
Følelser

Angst	Frykt
Beschaamd	Flau
Dankbaar	Takknemlig
Droefheid	Tristhet
Gelukzaligheid	Lykksalighet
Inhoud	Innhold
Kalm	Rolig
Liefde	Kjærlighet
Ontspannen	Avslappet
Opluchting	Lettelse
Rust	Ro
Sympathie	Sympati
Tederheid	Ømhet
Tevreden	Fornøyd
Verrassing	Overraskelse
Verveling	Kjedsomhet
Vrede	Fred
Vreugde	Glede
Vriendelijkheid	Vennlighet
Woede	Sinne

Eten #1
Mat #1

Aardbei	Jordbær
Abrikoos	Aprikos
Basilicum	Basilikum
Citroen	Sitron
Gerst	Bygg
Kaneel	Kanel
Knoflook	Hvitløk
Melk	Melk
Peer	Pære
Pinda	Peanøtt
Salade	Salat
Sap	Juice
Soep	Suppe
Spinazie	Spinat
Suiker	Sukker
Tonijn	Tunfisk
Ui	Løk
Vlees	Kjøtt
Wortel	Gulrot
Zout	Salt

Eten #2
Mat #2

Amandel	Mandel
Ananas	Ananas
Appel	Eple
Asperge	Asparges
Aubergine	Aubergine
Banaan	Banan
Broccoli	Brokkoli
Brood	Brød
Druif	Drue
Ei	Egg
Ham	Skinke
Kaas	Ost
Kip	Kylling
Kiwi	Kiwi
Perzik	Fersken
Rijst	Ris
Tarwe	Hvete
Tomaat	Tomat
Vis	Fisk
Yoghurt	Yoghurt

Exploratie
Utforskning

Activiteit	Aktivitet
Bepaling	Besluttsomhet
Culturen	Kulturer
Dieren	Dyr
Gevaarlijk	Farefull
Gevaren	Farer
Moed	Mot
Nieuw	Ny
Onbekend	Ukjent
Ontdekking	Oppdagelse
Reis	Reise
Ruimte	Rom
Taal	Språk
Terrein	Terreng
Uitputting	Utmattelse
Ver	Fjern
Wild	Vill

Familie
Familien

Broer	Bror
Dochter	Datter
Grootmoeder	Bestemor
Jeugd	Barndom
Kind	Barn
Kleinzoon	Barnebarn
Man	Ektemann
Moeder	Mor
Neef	Nevø
Nicht	Niese
Oom	Onkel
Opa	Bestefar
Tante	Tante
Vader	Far
Vaderlijk	Faderlig
Voorouder	Stamfar
Vrouw	Kone
Zus	Søster

Fruit
Frukt

Abrikoos	Aprikos
Ananas	Ananas
Appel	Eple
Avocado	Avokado
Banaan	Banan
Bes	Bær
Citroen	Sitron
Druif	Drue
Framboos	Bringebær
Kers	Kirsebær
Kiwi	Kiwi
Kokosnoot	Kokosnøtt
Mango	Mango
Meloen	Melon
Nectarine	Nektarin
Oranje	Oransje
Papaja	Papaya
Peer	Pære
Perzik	Fersken
Pruim	Plomme

Gebouwen
Bygningsmasse

Ambassade	Ambassade
Appartement	Leilighet
Bioscoop	Kino
Boerderij	Gård
Cabine	Hytte
Fabriek	Fabrikk
Hotel	Hotell
Kasteel	Slott
Laboratorium	Laboratorium
Museum	Museum
Observatorium	Observatorium
School	Skole
Schuur	Låve
Stadion	Stadion
Supermarkt	Supermarked
Tent	Telt
Theater	Teater
Toren	Tårn
Universiteit	Universitet
Ziekenhuis	Sykehus

Geografie
Geografi

Atlas	Atlas
Berg	Fjell
Breedtegraad	Breddegrad
Continent	Kontinent
Eiland	Øy
Evenaar	Ekvator
Halfrond	Halvkule
Hoogte	Høyde
Kaart	Kart
Land	Land
Lengtegraad	Lengdegrad
Meridiaan	Meridian
Noorden	Nord
Regio	Region
Rivier	Elv
Stad	By
Wereld	Verden
Westen	Vest
Zee	Hav
Zuiden	Sør

Geologie
Geologi

Aardbeving	Jordskjelv
Calcium	Kalsium
Continent	Kontinent
Erosie	Erosjon
Fossiel	Fossilt
Geiser	Geysir
Gesmolten	Smeltet
Grot	Hule
Koraal	Korall
Kristallen	Crystal
Kwarts	Kvarts
Laag	Lag
Lava	Lava
Plateau	Platå
Stalactiet	Stalaktitt
Steen	Stein
Vulkaan	Vulkan
Zone	Sone
Zout	Salt
Zuur	Syre

Gereedschap Voor het Kok
Verktøy for Matlaging

Bestek	Bestikk
Broodrooster	Brødrister
Deksel	Lokk
Kachel	Komfyr
Ketel	Kjele
Koelkast	Kjøleskap
Lepel	Skje
Mes	Kniv
Oven	Ovn
Rasp	Rivjern
Sapcentrifuge	Juicer
Schaar	Saks
Spatel	Stekespade
Thermometer	Termometer
Vergiet	Dørslag
Vork	Gaffel
Zeef	Sil

Getallen
Antall

Acht	Åtte
Achttien	Atten
Dertien	Tretten
Drie	Tre
Een	En
Negen	Ni
Negentien	Nitten
Nul	Null
Tien	Ti
Twaalf	Tolv
Twee	To
Twintig	Tjue
Veertien	Fjorten
Vier	Fire
Vijf	Fem
Vijftien	Femten
Zes	Seks
Zestien	Seksten
Zeven	Syv
Zeventien	Sytten

Groenten
Grønnsaker

Artisjok	Artisjokk
Aubergine	Aubergine
Broccoli	Brokkoli
Erwt	Ert
Gember	Ingefær
Knoflook	Hvitløk
Komkommer	Agurk
Olijf	Oliven
Paddestoel	Sopp
Peterselie	Persille
Pompoen	Gresskar
Raap	Nepe
Radijs	Reddik
Salade	Salat
Selderij	Selleri
Sjalot	Sjalottløk
Spinazie	Spinat
Tomaat	Tomat
Ui	Løk
Wortel	Gulrot

Haartypes
Hårtyper

Blond	Blond
Bruin	Brun
Dik	Tykk
Droog	Tørr
Dun	Tynn
Gekleurd	Farget
Gevlochten	Flettet
Gezond	Sunn
Golvend	Bølgete
Grijs	Grå
Hoofdhuid	Hodebunn
Kaal	Skallet
Kort	Kort
Krullen	Krøller
Krullend	Krøllet
Lang	Lang
Wit	Hvit
Zacht	Myk
Zilver	Sølv
Zwart	Svart

Herbalisme
Urtemedisin

Aromatisch	Aromatisk
Basilicum	Basilikum
Bloem	Blomst
Culinair	Kulinarisk
Dille	Dill
Dragon	Estragon
Groen	Grønn
Ingrediënt	Ingrediens
Knoflook	Hvitløk
Kwaliteit	Kvalitet
Lavendel	Lavendel
Marjolein	Marjoram
Oregano	Oregano
Peterselie	Persille
Rozemarijn	Rosmarin
Saffraan	Safran
Smaak	Smak
Tijm	Timian
Tuin	Hage
Venkel	Fennikel

Huis
Hus

Bezem	Kost
Bibliotheek	Bibliotek
Dak	Tak
Deur	Dør
Douche	Dusj
Garage	Garasje
Haard	Peis
Hek	Gjerde
Kamer	Rom
Kelder	Kjeller
Keuken	Kjøkken
Lamp	Lampe
Meubilair	Møbler
Muur	Vegg
Schoorsteen	Skorstein
Slaapkamer	Soverom
Spiegel	Speil
Tapijt	Teppe
Tuin	Hage
Zolder	Loft

Huisdieren
Kjæledyr

Dierenarts	Veterinær
Geit	Geit
Hagedis	Øgle
Hamster	Hamster
Hond	Hund
Kat	Katt
Katje	Kattunge
Klauwen	Klør
Koe	Ku
Konijn	Kanin
Kraag	Krage
Muis	Mus
Papegaai	Papegøye
Puppy	Valp
Schildpad	Skilpadde
Staart	Hale
Vis	Fisk
Voedsel	Mat
Water	Vann

Hulpmiddelen
Verktøy

Bijl	Øks
Fakkel	Lommelykt
Hamer	Hammer
Heerser	Hersker
Kabel	Kabel
Ladder	Stige
Lijm	Lim
Mes	Kniv
Nietje	Stift
Nietmachine	Stiftemaskin
Schaar	Saks
Scheermes	Barberhøvel
Schop	Spade
Schroef	Skrue
Tang	Tang
Touw	Tau
Wiel	Hjul

Insecten
Insekter

Bidsprinkhaan	Mantis
Bij	Bie
Bladluis	Bladlus
Cicade	Cicada
Kakkerlak	Kakerlakk
Kever	Bille
Larve	Larve
Libel	Øyenstikker
Mier	Maur
Mot	Møll
Mug	Mygg
Sprinkhaan	Gresshoppe
Termiet	Termitt
Vlinder	Sommerfugl
Vlo	Loppe
Wesp	Veps
Worm	Orm

Installaties
Planter

Bamboe	Bambus
Bes	Bær
Blad	Blad
Bloem	Blomst
Boom	Tre
Boon	Bønne
Bos	Skog
Cactus	Kaktus
Flora	Flora
Gebladerte	Løvverk
Gras	Gress
Klimop	Eføy
Kruid	Urt
Mest	Gjødsel
Mos	Mose
Plantkunde	Botanikk
Struik	Busk
Tuin	Hage
Vegetatie	Vegetasjon
Wortel	Rot

Kastelen
Slott

Draak	Drage
Dynastie	Dynasti
Edele	Edel
Eenhoorn	Enhjørning
Feodaal	Føydal
Harnas	Rustning
Katapult	Katapult
Kerker	Fangehull
Koninkrijk	Kongedømme
Kroon	Krone
Muur	Vegg
Paard	Hest
Paleis	Palass
Prins	Prins
Prinses	Prinsesse
Ridder	Ridder
Rijk	Imperium
Schild	Skjold
Toren	Tårn
Zwaard	Sverd

Katten
Katter

Bont	Pels
Garen	Garn
Gek	Gal
Grappig	Morsom
Jager	Jeger
Klauw	Klo
Muis	Mus
Nieuwsgierig	Nysgjerrig
Onafhankelijk	Uavhengig
Persoonlijkheid	Personlighet
Poot	Pote
Slaap	Søvn
Speels	Leken
Staart	Hale
Verlegen	Sjenert
Wild	Vill

Keuken
Kjøkken

Cup	Kopper
Eetstokjes	Spisepinner
Grill	Grille
Ketel	Kjele
Koelkast	Kjøleskap
Kom	Bolle
Kruik	Mugge
Lepels	Skjeer
Messen	Kniver
Oven	Ovn
Pollepel	Øse
Pot	Krukke
Recept	Oppskrift
Schort	Forkle
Servet	Serviett
Specerijen	Krydder
Spons	Svamp
Voedsel	Mat
Vorken	Gafler
Vriezer	Fryser

Kleding
Klær

Armband	Armbånd
Blouse	Bluse
Broek	Bukse
Handschoenen	Hansker
Hoed	Hatt
Jas	Frakk
Jasje	Jakke
Jurk	Kjole
Ketting	Halskjede
Mode	Mote
Pyjama	Pyjamas
Riem	Belte
Rok	Skjørt
Sandalen	Sandaler
Schoen	Sko
Schort	Forkle
Shirt	Skjorte
Sjaal	Skjerf
Sokken	Sokker
Trui	Genser

Kleuren
Farger

Beige	Beige
Blauw	Blå
Bruin	Brun
Cyaan	Cyan
Fuchsia	Fuchsia
Geel	Gul
Grijs	Grå
Groen	Grønn
Indigo	Indigo
Magenta	Magenta
Oranje	Oransje
Paars	Lilla
Rood	Rød
Roze	Rosa
Sepia	Sepia
Wit	Hvit
Zwart	Svart

Klimmen
Klatring

Atmosfeer	Atmosfære
Deskundige	Ekspert
Fysiek	Fysisk
Grot	Hule
Handschoenen	Hansker
Helm	Hjelm
Hoogte	Høyde
Kaart	Kart
Kracht	Styrke
Laarzen	Støvler
Letsel	Skade
Nieuwsgierigheid	Nysgjerrighet
Opleiding	Trening
Smal	Smal
Stabiliteit	Stabilitet
Terrein	Terreng
Uitdagingen	Utfordringer
Wandelen	Fotturer

Kunst
Kunst

Beeldhouwwerk	Skulptur
Complex	Kompleks
Creëren	Skape
Eenvoudig	Enkel
Eerlijk	Ærlig
Figuur	Figur
Geïnspireerd	Inspirert
Humeur	Humør
Keramisch	Keramisk
Onderwerp	Emne
Origineel	Original
Persoonlijk	Personlig
Poëzie	Poesi
Portretteren	Skildre
Samenstelling	Sammensetning
Schilderijen	Malerier
Surrealisme	Surrealisme
Symbool	Symbol
Uitdrukking	Uttrykk
Visueel	Visuell

Kunstbenodigdheden
Kunst Forsyninger

Acryl	Akryl
Aquarellen	Akvareller
Borstels	Børster
Camera	Kamera
Creativiteit	Kreativitet
Ezel	Staffeli
Gom	Viskelær
Houtskool	Kull
Ideeën	Ideer
Inkt	Blekk
Klei	Leire
Kleuren	Farger
Lijm	Lim
Olie	Olje
Papier	Papir
Potloden	Blyanter
Stoel	Stol
Tafel	Bord
Verf	Maling
Water	Vann

Landen #2
Land #2

Denemarken	Danmark
Ethiopië	Etiopia
Frankrijk	Frankrike
Griekenland	Hellas
Ierland	Irland
Indonesië	Indonesia
Japan	Japan
Kenia	Kenya
Laos	Laos
Libanon	Libanon
Liberia	Liberia
Maleisië	Malaysia
Mexico	Mexico
Nepal	Nepal
Nigeria	Nigeria
Oeganda	Uganda
Oekraïne	Ukraina
Rusland	Russland
Somalië	Somalia
Syrië	Syria

Landschappen
Landskap

Berg	Fjell
Eiland	Øy
Geiser	Geysir
Gletsjer	Isbre
Golf	Gulf
Grot	Hule
Heuvel	Ås
IJsberg	Isfjell
Meer	Innsjø
Moeras	Sump
Oase	Oase
Rivier	Elv
Schiereiland	Halvøy
Strand	Strand
Toendra	Tundra
Vallei	Dal
Vulkaan	Vulkan
Waterval	Foss
Woestijn	Ørken
Zee	Hav

Literatuur
Litteratur

Analogie	Analogi
Analyse	Analyse
Anekdote	Anekdote
Auteur	Forfatter
Biografie	Biografi
Conclusie	Konklusjon
Dialoog	Dialog
Gedicht	Dikt
Mening	Mening
Metafoor	Metafor
Omschrijving	Beskrivelse
Poëtisch	Poetisk
Rijm	Rim
Ritme	Rytme
Roman	Roman
Stijl	Stil
Thema	Tema
Tragedie	Tragedie
Vergelijking	Sammenligning
Verteller	Forteller

Meditatie
Meditasjon

Aandacht	Oppmerksomhet
Aanvaarding	Aksept
Ademhaling	Puste
Beweging	Bevegelse
Dankbaarheid	Takknemlighet
Emoties	Følelser
Gedachten	Tanker
Geluk	Lykke
Helderheid	Klarhet
Houding	Holdning
Mededogen	Medfølelse
Mentaal	Mental
Muziek	Musikk
Natuur	Natur
Observatie	Observasjon
Perspectief	Perspektiv
Stilte	Stillhet
Vrede	Fred
Vriendelijkheid	Vennlighet
Wakker	Våken

Meer Informatie
Science Fiction

Bioscoop	Kino
Boeken	Bøker
Brand	Brann
Denkbeeldig	Innbilt
Dystopie	Dystopi
Explosie	Eksplosjon
Extreem	Ekstrem
Fantastisch	Fantastisk
Futuristisch	Futuristisk
Illusie	Illusjon
Mysterieus	Mystisk
Orakel	Orakel
Planeet	Planet
Realistisch	Realistisk
Robots	Roboter
Scenario	Scenario
Sterrenstelsel	Galaxy
Technologie	Teknologi
Utopie	Utopi
Wereld	Verden

Menselijk Lichaam
Menneskekroppen

Been	Bein
Bloed	Blod
Elleboog	Albue
Enkel	Ankel
Hand	Hånd
Hart	Hjerte
Hersenen	Hjerne
Hoofd	Hode
Huid	Hud
Kaak	Kjeve
Kin	Hake
Knie	Kne
Maag	Mage
Mond	Munn
Nek	Hals
Neus	Nese
Oor	Øre
Schouder	Skulder
Tong	Tunge
Vinger	Finger

Metingen
Målinger

Breedte	Bredde
Byte	Byte
Centimeter	Centimeter
Decimaal	Desimal
Diepte	Dybde
Gewicht	Vekt
Gram	Gram
Hoogte	Høyde
Inch	Tomme
Kilogram	Kilo
Kilometer	Kilometer
Lengte	Lengde
Liter	Liter
Massa	Masse
Meter	Meter
Minuut	Minutt
Ons	Unse
Pint	Halvliter
Ton	Tonn
Volume	Volum

Muziekinstrumenten
Musikkinstrumenter

Banjo	Banjo
Cello	Cello
Fagot	Fagott
Fluit	Fløyte
Gitaar	Gitar
Gong	Gong
Harp	Harpe
Hobo	Obo
Klarinet	Klarinett
Mandoline	Mandolin
Marimba	Marimba
Mondharmonica	Munnspill
Percussie	Perkusjon
Piano	Piano
Saxofoon	Saksofon
Tamboerijn	Tamburin
Trombone	Trombone
Trommel	Tromme
Trompet	Trompet
Viool	Fiolin

Mythologie
Mytologi

Archetype	Arketype
Bliksem	Lyn
Creatie	Skapelse
Cultuur	Kultur
Donder	Torden
Doolhof	Labyrint
Gedrag	Oppførsel
Held	Helt
Heldin	Heltinne
Hemel	Himmel
Jaloezie	Sjalusi
Kracht	Styrke
Krijger	Kriger
Legende	Legende
Monster	Monster
Onsterfelijkheid	Udødelighet
Ramp	Katastrofe
Sterfelijk	Dødelig
Wezen	Skapning
Wraak	Hevn

Natuur
Naturen

Arctisch	Arktisk
Bijen	Bier
Bos	Skog
Dieren	Dyr
Dynamisch	Dynamisk
Erosie	Erosjon
Gebladerte	Løvverk
Gletsjer	Isbre
Heiligdom	Helligdom
Klippen	Klipper
Mist	Tåke
Rivier	Elv
Schoonheid	Skjønnhet
Schuilplaats	Ly
Sereen	Rolig
Tropisch	Tropisk
Vitaal	Viktig
Wild	Vill
Woestijn	Ørken
Wolken	Skyer

Oceaan
Havet

Aal	Ål
Algen	Alger
Boot	Båt
Dolfijn	Delfin
Garnaal	Reke
Getijden	Tidevann
Haai	Hai
Koraal	Korall
Krab	Krabbe
Kwal	Manet
Octopus	Blekksprut
Oester	Østers
Rif	Rev
Schildpad	Skilpadde
Spons	Svamp
Storm	Storm
Tonijn	Tunfisk
Vis	Fisk
Walvis	Hval
Zout	Salt

Om in te Vullen
For å Fylle

Bekken	Basseng
Buis	Rør
Dienblad	Brett
Doos	Eske
Emmer	Bøtte
Envelop	Konvolutt
Fles	Flaske
Karton	Kartong
Koffer	Koffert
Krat	Kasse
Lade	Skuff
Mand	Kurv
Map	Mappe
Pakje	Pakke
Pot	Krukke
Vaas	Vase
Vat	Fat
Zak	Lomme

Piraten
Sjørøvere

Anker	Anker
Avontuur	Eventyr
Bemanning	Mannskap
Eiland	Øy
Gevaar	Fare
Goud	Gull
Grot	Hule
Kaart	Kart
Kapitein	Kaptein
Kompas	Kompass
Legende	Legende
Litteken	Arr
Oceaan	Hav
Papegaai	Papegøye
Rum	Rom
Schat	Skatt
Slecht	Dårlig
Strand	Strand
Vlag	Flagg
Zwaard	Sverd

Regenwoud
Regnskogen

Amfibieën	Amfibier
Behoud	Bevaring
Botanisch	Botanisk
Diversiteit	Mangfold
Gemeenschap	Samfunnet
Inheems	Urfolk
Insecten	Insekter
Jungle	Jungel
Klimaat	Klima
Mos	Mose
Natuur	Natur
Overleving	Overlevelse
Respect	Respekt
Restauratie	Restaurering
Soort	Art
Toevlucht	Tilflukt
Vogels	Fugler
Waardevol	Verdifull
Wolken	Skyer
Zoogdieren	Pattedyr

Restaurant #1
Restaurant #1

Allergie	Allergi
Bord	Tallerken
Brood	Brød
Ingrediënten	Ingredienser
Kassier	Kasserer
Keuken	Kjøkken
Kip	Kylling
Koffie	Kaffe
Kom	Bolle
Menu	Meny
Mes	Kniv
Pittig	Krydret
Reservering	Reservasjon
Saus	Saus
Serveerster	Servitør
Servet	Serviett
Toetje	Dessert
Vlees	Kjøtt
Voedsel	Mat

Restaurant #2
Restaurant # 2

Cake	Kake
Diner	Middag
Drank	Drikk
Eieren	Egg
Fruit	Frukt
Groente	Grønnsaker
Heerlijk	Deilig
Ijs	Is
Lepel	Skje
Lunch	Lunsj
Noedels	Nudler
Ober	Kelner
Salade	Salat
Soep	Suppe
Specerijen	Krydder
Stoel	Stol
Vis	Fisk
Vork	Gaffel
Water	Vann
Zout	Salt

Rijden
Kjøring

Auto	Bil
Brandstof	Brensel
Garage	Garasje
Gas	Gass
Gevaar	Fare
Kaart	Kart
Licentie	Lisens
Motor	Motor
Motorfiets	Motorsykkel
Ongeluk	Ulykke
Politie	Politi
Remmen	Bremser
Snelheid	Hastighet
Straat	Gate
Tunnel	Tunnel
Veiligheid	Sikkerhet
Verkeer	Trafikk
Voetganger	Fotgjenger
Vrachtauto	Lastebil
Weg	Vei

Schaken
Sjakk

Diagonaal	Diagonal
Kampioen	Mester
Koning	Konge
Koningin	Dronning
Offer	Offer
Passief	Passiv
Punten	Poeng
Reglement	Regler
Spel	Spill
Speler	Spiller
Strategie	Strategi
Tegenstander	Motstander
Tijd	Tid
Toernooi	Turnering
Uitdagingen	Utfordringer
Wedstrijd	Konkurranse
Wit	Hvit
Zwart	Svart

School #1
Skole nr. 1

Alfabet	Alfabet
Antwoorden	Svar
Bibliotheek	Bibliotek
Boeken	Bøker
Bureau	Skrivebord
Examens	Eksamen
Klaslokaal	Klasserom
Leraar	Lærer
Lunch	Lunsj
Mappen	Mapper
Papier	Papir
Pennen	Penner
Plezier	Moro
Potlood	Blyant
Stoel	Stol
Vrienden	Venner
Wiskunde	Matte

School #2
Skole nr. 2

Academisch	Akademisk
Bibliotheek	Bibliotek
Boeken	Bøker
Bus	Buss
Computer	Datamaskin
Grammatica	Grammatikk
Kalender	Kalender
Leraar	Lærer
Literatuur	Litteratur
Onderwijs	Utdanning
Papier	Papir
Pennen	Penner
Potlood	Blyant
Rugzak	Ryggsekk
Schaar	Saks
Schoenen	Sko
Weekend	Helgene
Wetenschap	Vitenskap
Wiskunde	Matte
Woordenboek	Ordbok

Specerijen
Krydder

Anijs	Anis
Bitter	Bitter
Gember	Ingefær
Kaneel	Kanel
Kardemom	Kardemomme
Kerrie	Karri
Knoflook	Hvitløk
Komijn	Spisskummen
Koriander	Koriander
Kruidnagel	Fedd
Nootmuskaat	Muskat
Paprika	Paprika
Peper	Pepper
Saffraan	Safran
Smaak	Smak
Ui	Løk
Vanille	Vanilje
Venkel	Fennikel
Zoet	Søt
Zout	Salt

Speelgoed
Leker

Ambachten	Håndverk
Auto	Bil
Bal	Ball
Boeken	Bøker
Boot	Båt
Drums	Trommer
Favoriet	Favoritt
Fiets	Sykkel
Games	Spill
Klei	Leire
Pop	Dukke
Puzzel	Puslespill
Robot	Robot
Schaak	Sjakk
Trein	Tog
Verbeelding	Fantasi
Verf	Maling
Vlieger	Drage
Vliegtuig	Fly
Vrachtauto	Lastebil

Sport
Idrett

Atleet	Atlet
Basketbal	Basketball
Beweging	Bevegelse
Fiets	Sykkel
Golf	Golf
Gymnasium	Gymnastikksal
Gymnastiek	Gymnastikk
Hockey	Hockey
Honkbal	Baseball
Kampioenschap	Mesterskap
Scheidsrechter	Dommer
Spel	Spill
Speler	Spiller
Stadion	Stadion
Team	Team
Tennis	Tennis
Trainer	Trener
Winnaar	Vinner

Stad
Byen

Apotheek	Apotek
Bakkerij	Bakeri
Bank	Bank
Bibliotheek	Bibliotek
Bioscoop	Kino
Boekhandel	Bokhandel
Dierentuin	Dyrehage
Galerij	Galleri
Hotel	Hotell
Kliniek	Klinikk
Luchthaven	Flyplassen
Markt	Marked
Museum	Museum
Restaurant	Restaurant
School	Skole
Stadion	Stadion
Supermarkt	Supermarked
Theater	Teater
Universiteit	Universitet
Winkel	Butikk

Strand
Strand

Blauw	Blå
Boot	Båt
Eiland	Øy
Handdoek	Håndkle
Krab	Krabbe
Kust	Kyst
Lagune	Lagune
Paraplu	Paraply
Rif	Rev
Sandalen	Sandaler
Schelpen	Skjell
Vakantie	Ferie
Zand	Sand
Zee	Hav
Zeilboot	Seilbåt
Zon	Sol

Surfen
Surfing

Atleet	Atlet
Beginner	Nybegynner
Extreem	Ekstrem
Golf	Bølge
Kampioen	Mester
Kracht	Styrke
Maag	Mage
Menigte	Folkemengder
Oceaan	Hav
Peddelen	Padle
Plezier	Moro
Populair	Populær
Rif	Rev
Schuim	Skum
Snelheid	Hastighet
Stijl	Stil
Strand	Strand
Weer	Vær

Technologie
Teknologi

Bericht	Melding
Bestand	Fil
Blog	Blogg
Browser	Nettleser
Bytes	Byte
Camera	Kamera
Computer	Datamaskin
Cursor	Markør
Digitaal	Digitalt
Gegevens	Data
Internet	Internett
Lettertype	Skrift
Onderzoek	Forskning
Scherm	Skjerm
Software	Programvare
Statistiek	Statistikk
Veiligheid	Sikkerhet
Virtueel	Virtuell
Virus	Virus

Tijd
Tid

Dag	Dag
Decennium	Tiår
Eeuw	Århundre
Gisteren	I Går
Jaar	År
Jaarlijks	Årlig
Kalender	Kalender
Klok	Klokke
Maand	Måned
Middag	Middagstid
Minuut	Minutt
Na	Etter
Nacht	Natt
Nu	Nå
Ochtend	Morgen
Toekomst	Fremtid
Uur	Time
Vandaag	I Dag
Vroeg	Tidlig
Week	Uke

Tuin
Hage

Bank	Benk
Bloem	Blomst
Boom	Tre
Boomgaard	Frukthage
Garage	Garasje
Gazon	Plen
Gras	Gress
Hangmat	Hengekøye
Hark	Rake
Hek	Gjerde
Onkruid	Ugress
Schop	Spade
Slang	Slange
Struik	Busk
Terras	Terrasse
Trampoline	Trampoline
Tuin	Hage
Veranda	Veranda
Vijver	Dam
Wijnstok	Vintreet

Vakantie #2
Ferie # 2

Bestemming	Destinasjon
Buitenlander	Utlending
Buitenlands	Fremmed
Eiland	Øy
Hotel	Hotell
Kaart	Kart
Kamperen	Camping
Luchthaven	Flyplassen
Paspoort	Pass
Reis	Reise
Reserveringen	Reservasjoner
Restaurant	Restaurant
Strand	Strand
Taxi	Taxi
Tent	Telt
Vakantie	Ferie
Vervoer	Transport
Visum	Visum
Vrije Tijd	Fritid
Zee	Hav

Verjaardag
Fødselsdag

Cake	Kake
Dag	Dag
Geboren	Født
Gelukkig	Glad
Geschenk	Gave
Herinneringen	Minner
Jaar	År
Jong	Ung
Kaarsen	Lys
Kaarten	Kort
Kalender	Kalender
Lied	Sang
Ouder	Eldre
Plezier	Moro
Speciaal	Spesiell
Tijd	Tid
Uitnodigingen	Invitasjoner
Viering	Feiring
Vrienden	Venner
Wijsheid	Visdom

Vissen
Fiske

Aas	Agn
Apparatuur	Utstyr
Boot	Båt
Draad	Ledning
Geduld	Tålmodighet
Gewicht	Vekt
Haak	Krok
Kaak	Kjeve
Kieuwen	Gjeller
Kok	Kokk
Mand	Kurv
Meer	Innsjø
Oceaan	Hav
Overdrijving	Overdrivelse
Rivier	Elv
Seizoen	Årstid
Strand	Strand
Vinnen	Finnene
Water	Vann

Vliegtuigen
Fly

Afdaling	Avstamning
Atmosfeer	Atmosfære
Avontuur	Eventyr
Ballon	Ballong
Bemanning	Mannskap
Bouw	Konstruksjon
Brandstof	Brensel
Geschiedenis	Historie
Hemel	Himmel
Hoogte	Høyde
Landen	Landing
Lucht	Luft
Motor	Motor
Navigeren	Navigere
Ontwerp	Design
Passagier	Passasjer
Piloot	Pilot
Richting	Retning
Turbulentie	Turbulens
Waterstof	Hydrogen

Voeding
Ernæring

Bitter	Bitter
Calorieën	Kalorier
Dieet	Diett
Eetbaar	Spiselig
Eetlust	Appetitt
Eiwitten	Proteiner
Evenwichtig	Balansert
Fermentatie	Gjæring
Gewicht	Vekt
Gezond	Sunn
Gezondheid	Helse
Koolhydraten	Karbohydrater
Kwaliteit	Kvalitet
Saus	Saus
Smaak	Smak
Spijsvertering	Fordøyelse
Toxine	Gift
Vitamine	Vitamin
Vloeistoffen	Væsker
Voedingsstof	Næringsstoff

Voertuigen
Kjøretøy

Ambulance	Ambulanse
Auto	Bil
Banden	Dekk
Boot	Båt
Bus	Buss
Caravan	Campingvogn
Fiets	Sykkel
Helikopter	Helikopter
Metro	T
Motor	Motor
Onderzeeër	Undervannsbåt
Raket	Rakett
Scooter	Scooter
Taxi	Taxi
Tractor	Traktor
Trein	Tog
Veerboot	Ferje
Vliegtuig	Fly
Vlot	Flåte
Vrachtauto	Lastebil

Vogels
Fugler

Duif	Due
Eend	And
Ei	Egg
Flamingo	Flamingo
Gans	Gås
Kip	Kylling
Koekoek	Gjøk
Kraai	Kråke
Meeuw	Måke
Mus	Spurv
Ooievaar	Stork
Papegaai	Papegøye
Pauw	Påfugl
Pelikaan	Pelikan
Pinguïn	Pingvin
Reiger	Hegre
Struisvogel	Struts
Toekan	Toucan
Uil	Ugle
Zwaan	Svanen

Vormen
Former

Bol	Sfære
Boog	Bue
Cilinder	Sylinder
Cirkel	Sirkel
Curve	Kurve
Driehoek	Trekant
Hoek	Hjørne
Hyperbool	Hyperbola
Kant	Side
Kegel	Kjegle
Kubus	Kube
Lijn	Linje
Ovaal	Oval
Piramide	Pyramide
Prisma	Prisme
Randen	Kanter
Rechthoek	Rektangel
Ronde	Rund
Veelhoek	Polygon
Vierkant	Torget

Wandelen
Vandring

Berg	Fjell
Dieren	Dyr
Gevaren	Farer
Kaart	Kart
Kamperen	Camping
Klif	Klippe
Klimaat	Klima
Laarzen	Støvler
Moe	Trøtt
Muggen	Mygg
Natuur	Natur
Oriëntatie	Orientering
Parken	Parker
Stenen	Steiner
Top	Toppmøte
Voorbereiding	Forberedelse
Water	Vann
Wild	Vill
Zon	Sol
Zwaar	Tung

Water
Vann

Douche	Dusj
Geiser	Geysir
Golven	Bølger
Ijs	Is
Irrigatie	Vanning
Kanaal	Kanal
Meer	Innsjø
Moesson	Monsun
Oceaan	Hav
Orkaan	Orkan
Overstroming	Flom
Regen	Regn
Rivier	Elv
Sneeuw	Snø
Stoom	Damp
Verdamping	Fordampning
Vocht	Fuktighet
Vochtig	Fuktig
Vorst	Frost

Weersomstandigheden
Været

Atmosfeer	Atmosfære
Bliksem	Lyn
Donder	Torden
Droogte	Tørke
Hemel	Himmel
Ijs	Is
Klimaat	Klima
Mist	Tåke
Moesson	Monsun
Orkaan	Orkan
Overstroming	Flom
Polair	Polar
Regenboog	Regnbue
Storm	Storm
Temperatuur	Temperatur
Tornado	Tornado
Tropisch	Tropisk
Vochtig	Fuktig
Wind	Vind
Wolk	Sky

Wetenschap
Vitenskap

Atoom	Atom
Chemisch	Kjemisk
Deeltjes	Partikler
Evolutie	Evolusjon
Experiment	Eksperiment
Feit	Faktum
Fossiel	Fossilt
Gegevens	Data
Hypothese	Hypotese
Klimaat	Klima
Laboratorium	Laboratorium
Methode	Metode
Mineralen	Mineraler
Moleculen	Molekyler
Natuur	Natur
Natuurkunde	Fysikk
Observatie	Observasjon
Organisme	Organisme
Wetenschapper	Forsker
Zwaartekracht	Tyngdekraft

Wetenschappelijke Discip
Vitenskapelige Disipliner

Anatomie	Anatomi
Archeologie	Arkeologi
Astronomie	Astronomi
Biochemie	Biokjemi
Biologie	Biologi
Chemie	Kjemi
Ecologie	Økologi
Fysiologie	Fysiologi
Geologie	Geologi
Immunologie	Immunologi
Mechanica	Mekanikk
Meteorologie	Meteorologi
Mineralogie	Mineralogi
Neurologie	Nevrologi
Plantkunde	Botanikk
Psychologie	Psykologi
Robotica	Robotikk
Sociologie	Sosiologi
Thermodynamica	Termodynamikk
Voeding	Ernæring

Wiskunde
Matematikk

Bol	Sfære
Decimaal	Desimal
Diameter	Diameter
Divisie	Divisjon
Driehoek	Trekant
Exponent	Eksponent
Fractie	Brøkdel
Geometrie	Geometri
Hoeken	Vinkler
Omtrek	Omkrets
Parallel	Parallell
Rechthoek	Rektangel
Rekenkundig	Aritmetikk
Som	Sum
Straal	Radius
Symmetrie	Symmetri
Veelhoek	Polygon
Vergelijking	Ligning
Vierkant	Torget
Volume	Volum

Zomer
Sommer

Boeken	Bøker
Duiken	Dykking
Familie	Familie
Games	Spill
Herinneringen	Minner
Huis	Hjem
Kamperen	Camping
Muziek	Musikk
Ontspanning	Avslapning
Reis	Reise
Sandalen	Sandaler
Sterren	Stjerner
Strand	Strand
Tuin	Hage
Vakantie	Ferie
Voedsel	Mat
Vreugde	Glede
Vrienden	Venner
Vrije Tijd	Fritid
Zee	Hav

Zoogdieren
Pattedyr

Aap	Ape
Bever	Bever
Coyote	Prærieulv
Dolfijn	Delfin
Ezel	Esel
Geit	Geit
Giraf	Sjiraff
Gorilla	Gorilla
Hond	Hund
Kameel	Kamel
Kangoeroe	Kenguru
Kat	Katt
Konijn	Kanin
Leeuw	Løve
Olifant	Elefant
Paard	Hest
Stier	Okse
Vos	Rev
Walvis	Hval
Wolf	Ulv

Gefeliciteerd

Je hebt het gehaald!

We hopen dat u net zoveel plezier beleeft aan dit boek als wij aan het maken ervan. We doen ons best om spellen van hoge kwaliteit te maken.
Deze puzzels zijn op een slimme manier ontworpen zodat je actief kunt leren terwijl je plezier hebt!

Vond je ze mooi?

Een Eenvoudig Verzoek

Onze boeken bestaan dankzij de recensies die zij publiceren. Kunt u ons helpen door nu een mening achter te laten ?

Hier is een korte link die u naar uw bestellingen beoordelingspagina.

BestBooksActivity.com/Recensie50

FINAAL UITDAGING!

Uitdaging nr. 1

Klaar voor uw bonusspel? We gebruiken ze de hele tijd, maar ze zijn niet zo gemakkelijk te vinden. Hier zijn **Synoniemen!**

Noteer 5 woorden die je ontdekt hebt in elk van de onderstaande puzzels (nr. 21, nr. 36, nr. 76) en probeer voor elk woord 2 synoniemen te vinden.

Notitie 5 Woorden uit *Puzzle 21*

Woorden	Synoniem 1	Synoniem 2

Notitie 5 Woorden uit *Puzzle 36*

Woorden	Synoniem 1	Synoniem 2

Notitie 5 Woorden uit *Puzzle 76*

Woorden	Synoniem 1	Synoniem 2

Uitdaging nr. 2

Nu je opgewarmd bent, noteer 5 woorden die je ontdekt hebt in elke hieronder genoteerde puzzel (nr. 9, nr. 17, nr. 25) en probeer voor elk woord 2 antoniemen te vinden. Hoeveel regels kan je doen in 20 minuten?

Notitie 5 Woorden uit *Puzzle 9*

Woorden	Antoniem 1	Antoniem 2

Notitie 5 Woorden uit *Puzzle 17*

Woorden	Antoniem 1	Antoniem 2

Notitie 5 Woorden uit *Puzzle 25*

Woorden	Antoniem 1	Antoniem 2

Uitdaging nr. 3

Prachtig, deze finaal uitdaging is makkelijk voor jou!

Klaar voor de laatste? Kies je 10 favoriete woorden die je in een van de puzzels hebt ontdekt en noteer ze hieronder.

1.	6.
2.	7.
3.	8.
4.	9.
5.	10.

De uitdaging is nu om met deze woorden en binnen een maximum van zes zinnen een tekst te schrijven over een persoon, dier of plaats waar je van houdt!

Tip: U kunt de laatste blanco pagina van dit boek als kladblaadje gebruiken!

Je schrijven:

NOTITIEBOEKJE:

TOT SNEL!

GENIET VAN GRATIS SPELLEN

GO

↓

BESTACTIVITYBOOKS.COM/FREEGAMES

www.ingramcontent.com/pod-product-compliance
Lightning Source LLC
Chambersburg PA
CBHW082059120626
46553CB00011B/3462